本书系湖北省社科基金一般项目（后期资助项目，编号2020263）成果

TANSUO ZHONGGUO FENGGE DE JIAOYU ZHILU

探索“中国风格”的教育之路

——所有权对儿童学习效果影响的实证研究

吴慧芬◎著

华中师范大学出版社

新出图证(鄂)字 10 号

图书在版编目(CIP)数据

探索"中国风格"的教育之路:所有权对儿童学习效果影响的实证研究/吴慧芬著.—武汉:华中师范大学出版社,2022.5

ISBN 978-7-5622-9727-7

Ⅰ.①探…　Ⅱ.①吴…　Ⅲ.①所有权—影响—儿童教育—研究—中国
Ⅳ.①G61

中国版本图书馆 CIP 数据核字(2022)第 062701 号

探索"中国风格"的教育之路

——所有权对儿童学习效果影响的实证研究

编辑室:综合编辑室　　**电话:**027-67867370

责任编辑:罗　挺　　**责任校对:**肖绪旭　　**封面设计:**胡　灿

出版发行:华中师范大学出版社有限责任公司

社址:湖北省武汉市洪山区珞喻路 152 号　　**邮编:**430079

销售电话:027-67861367/1549　　**传真:**027-67863291

网址:http://press.ccnu.edu.cn　　**电子信箱:**press@mail.ccnu.edu.cn

印刷:武汉兴和彩色印务有限公司　　**督印:**刘　敏

开本:710mm×1000mm　1/16　　**印张:**9.75　　**字数:**162 千字

版次:2022 年 5 月第 1 版　　**印次:**2022 年 5 月第 1 次印刷

定价:48.00 元

欢迎上网查询、购书

前　言

自从有了人类社会,便出现了以传递人类知识、实现人类延续和发展为目的的教育。教育工作者一直孜孜不倦地致力于探究适合于人类学习的方法与策略。党的十九大明确提出,“以习近平新时代中国特色社会主义思想为指引,坚定不移走中国特色社会主义教育发展道路”,并强调,我国有独特的历史、独特的文化、独特的国情,教育必须坚定走自己的路。因此,教育教学改革必须立足于我国的文化背景,才能有的放矢地促进学生学习效应的提升。教育部印发的《国家基础教育课程改革指导纲要(试行)》提出了回归生活的课程生态观,强调自然即课程、社会即课程、自我即课程,凸显了将学生自我卷入学生学习过程中的重要性。东西方文化中对自我的理解不同:东方文化背景下个体的自我概念具有互依性的特征,强调保持自我与他人相互依存关系,自我图式涵盖了母亲等较为亲密的关系他人;然而,在西方文化背景下,个体的自我属性具有独立性的特点,强调维持自我的完整性和排他性,并且大量与自我相关的研究发现中国人的自我概念中包括母亲、朋友、恋人等亲密的关系他人。而对于成长在互依型文化背景下的我国儿童,其自我概念中包括母亲、朋友以及老师等亲密的关系他人,也属于互依型自我结构。近年来,将所有权效应运用到儿童学习过程中来提高儿童的学习成绩成为教育心理学研究领域关注的热点。所有权效应是指人们对自己所拥有(self-owned)物品的记忆效果显著好于他人所拥有(other-owned)物品或无人拥有(un-owned)条件下物品的记忆效果。前人研究中有关所有权效应发生机制的探讨,为所有权如何影响记忆并增强学生学习的效果提供了理论基础。目前,已有少数研究者通过简单的所有权操作,发现创立所有权教学情境引发的自我加工优势可以提高儿童的学习成绩,与以往教学方式相比大大节约了教育成本，但由于测量指标单一、控制条件缺乏等，并不能得出所有权有利于提高儿童学习成绩的结论。此外，这些研究仅仅局限于自我卷入的教学情境，未曾考察我国儿童关系他人卷入的所有权教学情境对儿童学习效果的影响，并且儿童学习过程不仅仅是老师参与，近年来，教育工作者越来越多地强调父母参与与同伴参与儿童学习过程中的重要性。本研究拟弥补前人研究中的不足，证实所有权对儿童学习效果影响的有效性；在此基础上，拟基于中国儿童互依型自我的特征，进一步设置关系他人所有权教学情境以及与之关联的教育内容，探讨关系他人所有权教学情境对儿童学习效果的影响。

综上所述，本研究以 658 名 8～9 岁儿童为被试，开展了 3 项实证研究(共 8 个行为实验)探讨所有权对儿童学习效果的影响。研究一设置2 个实验分别探究基于选择方式获取的所有权与基于分配方式获取的所有权对儿童学习效果的影响，证明所有权对儿童学习效果提升的坚实性；研究二设置 3 个实验探究受互依型文化影响下的中国儿童，在不同方式获取的所有权中关系他人的卷入对儿童学习效果的影响；研究三进一步设置 3 个实验探究互依型文化背景下，不同关系他人分配学习任务的所有权情境中，不同关系他人归属类型下儿童学习效果的差异。所得到的研究结果如下。

一、不同方式获取的所有权对儿童学习效果的影响。

(1)无论是以自由回忆成绩还是以再认成绩为因变量，基于选择方式获取的所有权都能提高儿童的学习成绩；与控制条件进行比较发现，自我归属类型下学习成绩的提高不以降低非自我归属类型下的学习成绩为代价。

(2)以自由回忆成绩为因变量，基于分配方式获取的所有权可以提高儿童的学习成绩；与控制条件进行比较发现，自我归属类型下学习成绩的提高不以降低非自我归属类型下的学习成绩为代价。以再认成绩为因变量，基于分配方式获取的所有权也可以提高儿童的学习成绩；由于控制条件下自我的卷入与认知负荷的共同作用，并不能说明分配方式获取的所有权对儿童学习成绩的提高是以降低非自我归属类型下的学习成绩为代价的。

二、不同方式获取的所有权中关系他人卷入对儿童学习效果的影响。

(1)无论是以自由回忆成绩还是以再认成绩为因变量，在加入所有权情境的学习中，母亲归属均有利于提高儿童的学习成绩，且其效果与自我归属时相当。

(2)以自由回忆成绩为因变量,朋友归属有利于提高儿童的学习成绩,但不如自我归属的效果好;以再认成绩为因变量,朋友归属对儿童的学习成绩没有产生影响,但自我归属仍有利于提高儿童的学习成绩。

(3)以自由回忆成绩为因变量,自我归属有利于提高儿童的学习成绩,老师归属对儿童的学习成绩没有产生影响;以再认成绩为因变量,不同方式获取的所有权在所有权教学对儿童学习成绩的影响中起调节作用:基于选择方式获取的所有权中自我归属与老师归属均可以提高儿童的学习成绩且效果相当,而基于分配方式获取的所有权中自我归属有利于提高儿童的学习成绩,但老师归属对儿童学习成绩没有产生影响。

(4)无论是以自由回忆成绩还是以再认成绩为因变量,在亲子关系、同伴关系以及师生关系卷入后,基于选择方式获取的所有权的学习成绩显著高于基于分配方式获取的所有权的学习成绩,说明基于选择方式获取的所有权更有利于提高儿童的学习成绩。

三、关系他人参与所有权分配和归属对儿童学习效果的影响。

(1)母亲分配学习任务的所有权教学情境中自我归属类型、母亲归属类型、朋友归属类型以及老师归属类型均有利于提高儿童的学习成绩;自我归属类型与母亲归属类型、朋友归属类型以及老师归属类型下的学习效果相当;母亲归属类型与朋友归属类型下的学习效果相当,而母亲归属类型下的学习效果不如老师归属类型下的学习效果好。

(2)朋友分配学习任务的所有权教学情境中自我归属类型、母亲归属类型、朋友归属类型以及老师归属类型均有利于提高儿童的学习成绩。自我归属类型与朋友归属类型下的学习效果相当,自我归属类型下的学习效果好于母亲归属以及老师归属类型下的学习效果;而朋友归属类型下的学习效果与母亲归属以及老师归属类型下的学习效果一样好。

(3)老师分配学习任务的所有权教学情境中自我归属类型、母亲归属类型、朋友归属类型以及老师归属类型均有利于提高儿童的学习成绩。自我归属类型与老师归属类型以及母亲归属类型下的学习效果相当,自我归属类型下的学习效果好于朋友归属类型下的学习效果;而老师归属类型下的学习效果与母亲归属以及朋友归属类型下的学习效果一样好。

研究结论将有助于教育工作者意识到所有权教学是一种需要被广泛传

播的教学策略，其操作过程简便、高效、经济，会激起教育研究者充分挖掘在这种"教育工具箱中"可能存在的更有价值的工具，同时对中国风格的教育教学改革及相关政策的制定有重要的指导意义，并取得了以下几点创新性的成果。首先，在学术思想与学术观点上，首次提出了关系他人所有权教学情境可以提高儿童学习效果，并采用具体的教育实验进行研究。其次，在研究视角上，从"互依型文化"出发，面对"如何更好地提高儿童的学习效果"这个教育热点关注的问题，解析儿童互依型自我用于关系他人所有权教学情境中对儿童学习效果的影响，更进一步挖掘关系他人所有权教育情境的应用价值，立题角度新颖。再次，在研究方法上，前人少量关于所有权在学习领域的相关研究均采用自由回忆的测量指标，即采用将已有信息从大脑中直接提取出来的方法（无线索）；本研究在前人研究的基础上加入有线索可寻的再认测量指标探讨关系他人所有权教学情境对儿童学习效果的影响，更全面地探讨了儿童学习过程中存在的多种形式。最后，前人的研究中对儿童学习效果采用意外记忆测试，儿童在编码过程中没有采用练习策略或其他学习策略促进学习效果的提高；而本研究采用主动学习过程，告知被试后续将有一个记忆测试，这种方法更有利于儿童使用各种学习策略从而提高学习成绩，将这种测试方式运用于儿童学习过程中更具有生态效度。

目　录

1 研究背景

心理所有权的概念是由法学中“所有权”的概念衍生而来，由 Pierce 等人(1991)首次提出，他将人们对所有权的心理体验定义为心理所有权，并认为心理所有权指个体对客观事物所产生的一种强烈的占有感和拥有感。人们对自己所拥有(self-owned)物品的记忆效果显著好于他人所拥有(other-owned)物品(Cunningham 等，2008；Cunningham 等，2011；Van 等，2010)或无人拥有条件下(un-owned)(Cunningham 等，2018)物品的记忆效果，这称为记忆的所有权效应(ownership effect in memory)。个体总是习惯于对自己所拥有的物品给予更多的注意，从而使拥有物与自我之间建立一种特殊的连接，并成为自我扩展(extended self)的一部分(Belk，1988；Diesendruck、Reut，2015)。新课改(《国家基础教育课程改革指导纲要》，以下简称“新课改”)明确提出了回归生活的课程生态观，即强调自然、社会和人在课程体系中的有机统一，使自然、社会和人成为课程的基本来源，认为自然即课程、社会即课程、自我即课程，凸显了自我在学生学习过程中的重要作用。此外，新课改在学生学习方式的变革上也提出了教师应尽可能关注学生的学习过程和方法，关注学生是用什么方法、手段和通过什么途径获得知识的，教师也应为学生创造一种能让学生主动参与、乐于探究、勤于动手、主动获得知识的氛围，并积极关注学生的学习兴趣和经验。新课改进一步强调了将学生的自我卷入课堂教学中的重要意义，因为学生的自我图式中包含大量的关于自我的经验，且自我图式是一种储存在长时记忆中的广泛的自我认知，它具有构建相关信息的能力(Martin、Dewhurst，2010；Klein、Kihlstrom，1986；Klein、Loftus，1988；Symons、Johnson，1997)。当一个人拥有某一客体时，对该客体加工时注意资源分配的增多和记忆效果的增强与其他自我相关刺激加工时相同(Cunningham 等，2008；Van 等，2010)，从认知的角度来看，自我图式会被扩展为包含所拥有的对象(Belk，1988、2013)

自我加工偏差是指与自我相关的刺激相对于非自我相关的刺激能获得更多的注意资源以及拥有更好的记忆成绩(Conway、Dewhurst，1995；Rogers、Kuiper、Kirker，1977；Symons、Johnson，1997)，从这种意义上来说，所有权效应也属于自我加工偏差的一种。自我加工偏差产生的原因很多，如从促进感知和注意到更高层次的精细化加工和组织化加工(García 等，2015；Klein、Loftus，1988)等均有可能，但所有权对记忆的影响是多种自我加工偏差共同作用的结果，因此可以在教育环境中有效地应用(Cunningham 等，2018)。有些研究人员已经证实了自我加工偏差在教育背景中潜在的应用价值，他们在研究中通过加入第一人称代词或学生自己的名字唤起了更多的注意资源，促进了记忆成绩的提高，从而增强了学生的学习效果，并提出修改教材以包含自我相关线索是提高儿童学习成绩的有效手段(D'Ailly、Simpson、Mackinnon，1997；Moreno、Mayer，2000；Turk 等，2015)。Turk 等人(2015)的研究中要求 7～9 岁儿童在自我相关或他人相关任务中练习拼写，实验中考察了儿童准确学习新单词(实验一)和熟悉单词(实验二)拼写的能力。在自我加工任务中，要求儿童运用新学的单词，以“我”作主语进行造句；而在他人加工任务中，则要求儿童用另一个角色作为主语进行造句。拼写成绩显示，儿童采用“我”作为主语造句的条件下的学习成绩比以他人作主语加工条件下的成绩高出 20%；在练习过程中，这些儿童还写下了明显较长的句子，这表明儿童对任务的持续关注有所增加。该研究也提示自我加工偏差通过增加注意和记忆来提高儿童的学习成绩，为其应用到儿童课堂教学中提供了理论依据。此外，Turk 等人(2015)的研究中，唯一的任务操作是通过口头指令改变每个句子的主语，只是对标准教学任务的简单修改而不需要对教师进行培训或支付昂贵的教材费用，这揭示了一个简单但有效的机制来提高儿童的拼写能力，这种方式可以很容易地适应当前的教学实践，证明了修改材料以适应儿童的兴趣是提高儿童学习投入的一种非常有效的策略(Cordova、Lepper，1996；Sadoski、Goetz、Rodriguez，2000)。

Cunningham 等人(2018)首次将所有权范式应用到教育活动中，通过两个实验考察了所有权游戏的教学是如何提高儿童学习成绩的。在实验一中，要求7～9岁的儿童和主试从9张卡片(由无意义音节和一条线段画成的新图形组成)中轮流为他们自己的购物车选择卡片,选择完毕后儿童的购物车中有3张卡片(自我归属类型),主试的购物车中有3张卡片(他人归属类型),还有3张没有被选择的在桌子上(无归属类型)。随后的自由回忆测试表明,儿童自我归属类型下卡片的学习成绩显著高于他人归属类型和无归属类型下卡片的学习成绩,他人归属类型下卡片的学习成绩显著高于无归属类型下卡片的学习成绩。实验二则通过分配给儿童卡片而不是让儿童自由选择卡片重复了这一测试,并且在研究中加入了控制条件作为基线条件,结果表明,相对于基线控制条件下,所有权操作有利于提高儿童的学习成绩。此外,将所有权的三种归属类型下的学习成绩与控制条件的基线进行比较时发现,自我归属类型与他人归属类型下的学习成绩均显著高于作为基线比较的控制条件,而无归属类型则与基线无显著差异,说明所有权对儿童学习成绩的提高不以降低其他归属类型下的学习成绩为代价。总之,这些实验表明,当儿童学习新的材料时,教育工作者可以将所有权游戏运用到教学活动中,因为它引发的自我加工偏差可以使需要学习的材料产生更好的记忆,从而增强儿童学习效果。

所有权范式用于儿童学习过程中能提高儿童学习成绩的原因有三点:首先,注意在所有权增强记忆效果的过程中起着推动作用(Cunningham 等,2013; Turk 等, 2014; Turk 等, 2011),更多的注意资源会被分配给由所有权引发的与自我相关的信息上,从而增加了该信息随后回忆的可能性(García 等, 2015; Turk 等, 2014; Turk 等, 2011);其次,与自我相关的信息会增强知觉加工(Sui、He、Humphreys, 2012; Sui、Humphreys, 2013)以及促进语言加工(Mood, 1979; Turk 等, 2015),从而提高与自我相关信息的记忆成绩进而增强了学习效果;最后,儿童对无意义形状的任何有意义的评价都可以与丰富的、已有的自传体记忆一起存储,为后续相关信息的编码提供了精细加工和组织加工的可能性(Klein、Loftus, 1988; Symons、Johnson, 1997)。

符号互动学派创始人米德和社会学家库利对自我的形成进行了开拓性的探索,强调自我来源于社会互动,只有通过不断与社会进行互动才能产生和存在。儿童阶段的社会互动无外乎三种——亲子互动、同伴互动和师生互动，这三种社会关系的互动对儿童的自我图式必然会产生深远的影响，并且儿童学习过程不仅仅是老师参与，近年来，教育工作者越来越多地强调父母参与和同伴参与在儿童学习过程中的重要性。此外，有关文化与自我的观点认为：东方文化背景下个体的自我概念具有互依性的特征，强调保持自我与他人相互依存关系，自我图式涵盖了母亲等较为亲密的关系他人，并从行为与脑成像两个方面均证实了上述观点。关于中国儿童的自我加工优势的研究发现，中国儿童的自我相关条件下的记忆成绩与母亲相关条件下的记忆成绩没有显著差异，两者均显著高于朋友以及老师相关条件下的记忆成绩，而朋友与老师相关条件下的记忆成绩又显著高于他人相关条件下的记忆成绩，说明中国儿童的自我也属于互依型自我，自我也包括亲密的关系他人，如母亲、朋友与老师。

综上所述，前人研究已经有力地证明了所有权效应可以提高儿童的学习成绩，由于选择学习材料是自我意志或教育者驱动的，这种范式也便于操纵。所有权效应的稳健性表明，所有权教学是一种需要被广泛传播的教学策略，使教师能够充分意识到在这种"教育工具箱中"可能存在有价值的工具。此外，成长在互依型文化背景下的中国儿童，其自我建构包括亲密的他人（母亲、朋友以及老师），因此，充分挖掘由所有权引发的自我加工偏差在我国儿童教育中的工具性价值以及对其进行系统的研究成为迫在眉睫的问题，对中国风格的教育教学改革及相关政策的制定有重要的指导意义。

1.1 所有权效应

1.1.1 所有权效应的界定及其分类

所有权效应（ownership effect in memory）是指人们对自己所拥有（self-owned）物品的记忆效果显著好于他人所拥有（other-owned）（Cunningham 等，2008；Cunningham 等，2011；Van 等，2010）物品或无人拥有条件下（un-owned）（Cunningham 等，2018）物品的记忆效果。所有权（Ownership）不是物体的自然属性，是由人类的意向所决定的（周爱保等，2012）。根据人的意向是积极主动地选择还是消极被动地分配，将所有权效应分为基于分配的纯粹所有权效应(merely ownership effect, MOE)(Beggan, 1992)与基于选择的自我选择效应(self-choice effect, SCE)(Tacikowski、Nowicka, 2010)两类。

纯粹所有权效应是个体对被分配给自己的物品的记忆成绩显著好于被分配给他人的物品的记忆成绩,由Beggan在1992年提出,他认为,所有权引起了所有者自我与拥有的客体之间的心理联系。Turk、Cuningham和Macrae(2008)首次将纯粹所有权效应引入记忆领域,实验操作通常由固定的一名助手与若干名被试分别完成,他们面前的桌子上分别放有红色或蓝色的两个篮子,分别代表的是被试自己的和助手的,并要求他们想象每人将拥有一篮子物品。每个物品均将以卡片形式呈现,主试采用随机的方式分别将卡片分给被试和助手,被试和助手则根据卡片上所标识的颜色将物品放到对应颜色的篮子中,实验结果发现被试再认自己篮子里的物品的成绩好于再认他人篮子里的物品的成绩,表现出明显的记忆的纯粹所有权效应,与前人的研究认为所有权(关系)能增强个体的记忆痕迹(Hockley、Murdock, 1987; Ratcliff, 1978)的观点一致。Van等人采用和Cunningham等人类似的任务,采用R/K(记住/知道)判断的记忆测量范式,结果发现R(基于"记得"的记忆)判断中出现了记忆的纯粹所有权效应,而在K(基于"知道"的记忆)判断中则没有出现。此外,除了采用日常生活中常见的物品图片为实验材料可以出现纯粹所有权效应外,有研究通过"形容词性的物主代词+物品名称"的形式也发现了该效应。Shi等人(2011)的研究在区分两种不同的编码条件(背景编码和感知编码)下,要求被试阅读"第一人称或者第三人称形容词性的物主代词+物品名称"的句子,如"我的茶杯"或"他的面包"等。结果发现,无论是哪种编码条件,以"第一人称物主代词+物品名称"的句子中出现的物品的自由回忆成绩显著高于以"第三人称物主代词+物品名称"的句子中出现的物品的自由回忆成绩。后续研究者也发现由代词确定的虚拟所有权关系会导致对"我的"相关项目的记忆优势(吴慧芬、周爱保, 2013; 周爱保等, 2012; 周爱保等, 2015)。

自我选择效应是指相对于他人或实验者给自己选择的物品或自己没有选择的物品,个体对自己选择的物品表现出明显的记忆优势(任德云, 2014)。对于记忆优势的发生机制,有研究者认为可能是由于"选择"的心理操作使个体对物品认知产生了影响(Cloutier 等，2008；Van 等，2010)，即个体可以根据自己的偏好挑选他们想拥有的物品。因此，基于选择的所有权效应的所有权源自个体所能控制的因素(Huang 等，2009)。Cloutier 和 Macrae(2008)创设自我选择与他人分配的所有权情境，在自我选择条件下要求两名被试依次从一系列号码牌中随意选出一个号码交给主试，主试对着词表说出号码所对应的词；而在他人分配条件下号码牌的顺序是事先安排好的，被试只需要根据事先的顺序依次将号码牌交给主试，主试同样对着词表说出号码所对应的词。结果发现基于选择的条件下，自我归属项目的再认成绩显著高于他人归属项目的再认成绩，自我归属项目的反应时间显著少于他人归属项目的反应时间，即出现了记忆的所有权效应；而在基于他人分配条件下两者没有显著差异。在此基础上，Cunningham 等人(2011)在实验中探讨了两种记忆的所有权效应(基于选择的所有权效应与基于分配的所有权效应)的作用机制，他们要求被试同时选择两个物品，其中一个是为被试自己选择的，一个是为另一个被试选择的。结果表明，被试为自己选择的物品的记忆成绩显著好于为他人选择的物品、他人为他人选择的物品以及他人为自己选择的物品的记忆成绩，只有自己为自己选择的物品才出现了记忆的所有权效应。对此，Toyota(2013)认为被动地接受他人为自己选择的物品较难与自我之间建立心理连接，这类物品也不易于整合到自我的认知结构中。

Huang 等人(2009)尝试将选择效应与所有权效应分离开，发现选择对客体评价的影响大于所有权效应。一个潜在的原因是，选择履行了重要的心理功能，如自我肯定和自我验证。与此观点一致的是，已有研究提出诸如选择的动作会导致更强的控制感、自主性，以及更高的参与度，表明所有权会影响自我认知和行为(Peck、Shu，2009)。根据这一领域的主流理论，理解所有权影响的关键是所有者和被拥有对象之间的心理联系。然而，关于这种联系的形成我们知之甚少。Ye 和 Gawronski(2016)以联想网络理论(associative network theories)为基础，研究了两种类型的所有权情形(即基于选择的所有权效应与基于分配的所有权效应)对内隐自我—客体连接(自动连接一个人的自我和一个给定对象的行为)的影响。在研究一中，基于分配的所有权中积极客体的所有权影响了内隐的自我—客体连接；在研究二中，在基于选择的所有权中消极客体的所有权影响了内隐的自我—客体连接；研究三到研究五复制了基于选择所有权对消极对象的隐式自我—客体连接的影响，进一步证明了它独立于相关客体属性、所有权期望和物理所有权的已有差异。这可能是由于选择涉及关于选择对象的信息的认知处理，它可能会影响到自我—对象关联的形成。这种信息处理可能分两个阶段进行。在选择之前，个人进行预先决策处理(Brownstein，2003)，这可能涉及将所有的选择方案与一系列的焦点问题进行比较，并在有一个最喜欢的选项之前排除不利的选择方案。因此，可取的选择方案的可取特征以及不受欢迎的选择方案的不可取的特征在选择方案的表现中是突出的。相对于某一对象在被选择之前以及被拒绝的对象，在对该对象选择之后个人倾向于对选择对象表现出更强的偏好(Brehm，1956；Chen、Risen，2010)。这种扩大化的选择效应被认为是后决策加工偏差，包括选择性地关注所选择的选择方案的可取特征和被拒绝的选择方案的不良特征，以减少后决定的不一致。除了预先决策加工的影响之外，这应该还会增加这些特性在选择方案中的显著性。在某种程度上，对象的理想特性可以被视为所有者自我与对象之间共享节点；对象的不理想特性可以被视为所有者自我与对象之间对立存在节点，决策前加工和决策后加工加强了被选择对象自我—客体水平的一致性和被拒绝对象自我—客体水平的不一致性。这将进一步促进基于选择所有权情境中选择对象的自我—客体联系的形成。然而，在基于分配的所有权情况下，由于缺乏对结果的控制，所有者不太可能参与任何形式的预先所有权和后所有权处理，这类似上面讨论的预先决定和后决策处理。在这种情况下，自我—客体关联的形成主要是由对基于分配的所有权的经验的情境压力驱动的。

1.1.2　所有权效应与自我参照效应的区别

传统关于自我参照记忆的研究通常采用特质词评价(trait word evaluating)的范式(Klein，2012；Sui、Humphreys，2015)。该范式主要是评价特质词与自我或他人之间的关系程度，结果发现与自我相关的特质词的记忆成绩显著高于与他人相关的特质词的回忆成绩。研究者们普遍认为，与自我相关信息的精细加工(elaboration)(Craik、Lockhart，1972)、组织加工(organization)(Klein、Kihlstrom，1986)以及双加工是自我参照效应的发生机制。Englert 和 Wentrua(2016)认为在所有权任务中，“自我”与“非我”的分类是一种组织原则，根据研究材料的分组和编码，在这种组织原则下可以发现一个明显的不对称性：“自我”范畴是一个定义明确的相关范畴，而“非我”范畴是一个模糊的、更被动的定义（在“不是我”的意义上）。因此，“自我”类别更加突出，从而引起对类别和与类别相关的项目的关注。虽然分配的所有权形式似乎增强了学习材料的组织结构，但它对语义精细化的影响却不那么清晰。虽然记忆的所有权效应与自我参照效应均需要参照不同对象（自我或他人）对项目进行加工，从而显示出记忆优势，但记忆的所有权效应具有以下几点特点：(1)自我参照效应要求被试评价特质词与自我之间的关系程度，从而会诱发跟自我相关的背景知识（即自我知识）（self-knowledge）（Klein、Loftus、Burton，1989），自我知识可能在自我参照效应的发生中起中介作用；所有权效应则要求被试要么将物品分配给自我或他人，要么为自我或他人选择物品，重要的是所采用的物品不一定是现实生活中存在的，从而减少了自我知识的卷入，这种范式更有利于探讨与自我有关的记忆优势的发生机制。(2)对于探讨幼儿或是具有认知障碍的特殊个体，所有权的研究范式更具有适用性，因为该范式采用实物或物品的图片为实验材料，并不要求被试具备词汇理解能力和抽象思维能力。(3)所有权范式还有利于从不同的角度对比自我相关记忆的文化差异和脑部结构，对自我参照效应的跨文化研究和脑机制研究要求我们采用不同的方法探究更多解释的可能性，基于所有权的范式为实现这一目标提供了一条途径。(4)自我参照效应是基于关于自我的信息的外显加工，而纯粹所有权效应则是不要求被试对自我描述的材料作外显的评估或在自我与被编码特征没有外显联系的条件下建立自我与信息之间的联系，即在自我与刺激相联系的任务中刺激以随意的形式被编码。(5)结构上的差异，自我参照效应是任务之间的区别，而纯粹所有权效应被定义为同一任务中反应类别之间的差异。

1.2 记忆的所有权效应的认知机制

1.2.1 语义组织化(semantic organization)

尽管 Shi 等人(2011)研究认为所有权研究范式是通过分配任务的操作

而产生了记忆的所有权效应，并没有要求被试评价物品与自我之间的关系，或者对物品进行语义精细化加工，因此，他们认为该效应的发生机制不太可能是语义编码。然而，Englert 和 Wentura 等人（2016）认为记忆的所有权效应可能潜藏着语义组织化的过程，他们在研究中要求被试将物品分为自我拥有和他人拥有的同时，进行感知分类任务或语义分类任务，感知分类任务要求被试判断分类物品的颜色，语义分类任务要求被试判断物品是人造物还是自然物。结果发现，当感知分类任务与自我/他人分类任务并存时，均表现出记忆的所有权效应；而当语义分类任务与自我/他人分类任务并存时，则没有出现记忆的所有权效应。对此，他们认为可能是由于语义记忆任务抑制了自我/他人物品分类任务产生的记忆优势的效果，同时也暗示了语义加工可能是记忆的所有权效应产生的重要条件。Englert 和 Wentura（2016）还认为，自我可能作为一种组织化的概念发生作用。在分类任务阶段，个体按照组织原则将物品区分为“我的”和“非我”两个类别。这一组织化的过程可能是非对称的，对自我拥有的项目的组织化程度比他人拥有的项目的组织化程度更高，因而更容易被记住。但是，这一解释仍不能说明为什么人们对自我拥有的项目的组织化程度更高，还需要对项目编码的早期阶段进行追溯。

Kim 和 Johnson（2014）采用所有权分类范式和功能磁共振成像技术（fMRI），考察了自我与物品之间想象的偶然的所有权联接所激活的脑部活动，结果在验证记忆的所有权效应的同时，观察到当被试将物品分给自己时，内侧前额叶皮质、旁侧扣带回以及额极部位均有更高的激活。源记忆探测发现，当被试回忆这些分给自己的物品时，内侧前额叶也有更高的激活。即便在物品分配任务之后插入新异刺激，要求被试只对新异刺激作反应，在回忆物品属于自己时，内侧前额叶皮层（MPFC）和尾部扣带回（PCC）仍有更大程度的激活。？内侧前额叶皮质和扣带回皮层参与跟自我有关的意义加工，两个区域的激活为语义组织化的解释提供了一定程度的支持。

1.2.2 注意(attention)

Turk 等人认为，注意分配可能在不同所有权项目编码的早期阶段起着重要作用。他们在研究中设置三种条件：困难注意分配条件、简单注意分配条件和完全注意条件。结果发现，在完全注意条件下，被试对分配给自己的项目的再认正确率显著高于分配给他人的项目；而在困难注意分配条件和简单注意分配条件下则没有这种差异。对于分配给自己的项目的正确再认率，无论是困难注意分配条件还是简单注意分配条件，都显著低于完全注意条件。而对于分配给他人的项目则没有这种差异，这一结果提示，充足的注意是记忆的所有权效应发生的必要条件。

有研究采用ERP技术探究了由所有权引发的自我相关信息的加工过程，发现了与自我有关信息的P300成分的波幅有所增强(Berlad、Pratt，1995；Ninomiya等，2010；Tacikowski、Nowicka，2010)。而P300成分反映注意资源分配增加，更强的P300成分意味着有更多的注意资源分配。Miyakoshi等人(2007)在研究中将物品分为三类，分别是被试自己所拥有的(自我拥有的)、熟悉但非自我拥有的以及他人拥有的，再认结果发现，与他人所拥有的物品相比，被试对自我拥有的物品以及熟悉的非自我拥有的物品在左半脑有较高的N250成分的激活，而将自我拥有的物品与他人拥有的物品进行比较时发现，对自我拥有的物品表现出P300成分在内的晚期慢波(late slow wave, LSW)的激活。N250反映将当前输入的新信息与已经被储存的旧信息相匹配的过程，而LSW则反映对自我相关的信息进行较高级的认知加工过程。这一结果说明，对自我所拥有的和他人所拥有的物品进行区分不仅需要注意的参与，还需要将注意到的新信息与已有信息相匹配。后续相关研究也支持了上述结果(Turket等，2011；Truong等，2013；Collard等，2013)。

Turk等人(2014)采用fMRI技术探究了记忆的所有权效应的脑功能定位，还对脑部激活的时间进程进行了分析。结果发现，当被试对分配给自己的项目进行编码时，其背内侧前额叶(posterior dMPFC)、尾部前扣带回(cACC)、前部顶叶下回(anterior inferior parietal cortex)、左侧脑岛(left insula)和双侧缘上回(bilateral supramarginal gyri)都有更强的激活。背内侧前额叶和尾部扣带回与刺激的注意及注意调节有关，同时负责对跟自我相关的刺激进行评估，该部位的激活时间最早暗示对自我项目的记忆优势需要对这些项目给予注意，同时评价其跟自身的相关性，从脑成像的视角证明了对注意在所有权效应发生过程中起着很重要的作用。

1.2.3 自我选择(self-choice)

所有权效应之所以能表现出自我加工偏差的记忆的优势可能是因为被试所拥有的这些物品都是他们自己主动选择的。Cloutier 和 Macrae (2008) 的研究中在选择的条件下,要求被试从放在桌子中央的碗中交替选择一张纸。这个碗里有 40 张纸,每张纸上都写着一个独特的数字(被试看不到这些数字)。一旦一张纸被选中,它就会被递给实验者,实验者根据数字在剪贴板上查找对应的单词(人格特征词),然后读出对应的单词。重要的是,没有人提示这些特征词与被试有关,他们也不需要对这些词作外显的思考。结果发现,无论是再认测试还是自由回忆测试,自我选择条件下特征词的记忆成绩显著高于他人选择条件下特征词的记忆成绩。

当一个对象或客体与自我联系起来,其编码也因此随着自我加工偏差的增加而增强。如果所有权和选择都有这种影响,那么分离它们各自的影响就会引发一些有趣的问题。Cunnmingham 等人(2011)在基于 Cunningham 等人(2008)的所有权范式中加入选择操作探究了该问题。在这一研究的实验一中,要求两组被试根据颜色匹配任务将廉价的杂货分类到购物篮中,同时想象他们各自拥有一个购物篮中的所有物品。两组被试轮流得到两件物品,当被试为自己选择一件物品时,剩下的拒绝选择物品会分配给他人;当他人为自己选择一件物品时,剩下的拒绝选择物品会分配给被试。结果发现,被试给自己选择的物品的记忆成绩显著好于他人给他人选择的物品、他人给被试选择的物品以及被试给他人选择的物品的记忆成绩,这一结果表明所有权效应受环境的影响。已有研究表明简单地分配物品的临时所有权会增加再认成绩(Cunningham 等, 2008; Van 等, 2010),而该研究发现当物品以另一种拒绝的方式分配给自己时,这种记忆优势就会被调节。从直觉上看,这类东西不太可能包含在扩展自我中(Belk, 1988),可能是由于被拒绝的物品没有调动被试更多的注意资源,也没有引起能记忆增强的精细加工偏差。然而,也有可能这些未选择的物品不符合被试的个人品位和目标,因此也不容易存储在自我知识框架中(Carver 等, 1983; Klein 等, 1989)。当被试选择要拥有的物品时,这些物品很可能是与自传体记忆一致的,从而导致更精细的记忆表征以及在后续过程中获得更多的检索机会。在他们的第二个实验中采用一种虚拟的数字勾选物品的形式，被试成对完成实验，结果复制了实验一的发现。实验三采用实验二的程序，所不同的是其因变量为源记忆判断，结果发现自我选择的项目更可能被正确地归于自我拥有的。后续有研究者采用抽象名词作为实验材料也得到相同的结果(任德云，2014)。

综上所述，所有权效应会受到自我选择的影响。只有当自我拥有的物品是由自我选择时，才会表现出明显的记忆优势。可能是因为自我选择的背景加深了自我与物品之间的关联的编码程度，因而这些物品更容易被感知为是与自我相关的。其深层的原因也可能是，在自我选择的过程中，激发了主体更多的主动性，主动性能激发更多的自我功能，因而会更多地对跟自我相关的项目进行编码(李占星、朱莉琪，2017)。

1.2.4　身体活动的具身化(embodiment of physical actions)

具身认知认为，生活在人类的感觉和运动系统中影响我们如何思考和体验情感(Davis、Markman，2012)。近几年的研究表明人们体验自我加工偏差并不需要明确地说明所有权(Oakes、Onyper，2017)。就像之前由 Peck 和 Shu(2009)所展示的那样，仅仅触摸一件物品就会增加个体将物品看作被自己拥有的可能性。Oakes 和 Onyper(2017)让参与者根据与单词颜色相关的规则完成一个需要“拉的反应”的单词分类任务(即把操纵杆拉向自己)，一种延伸反应(即将操纵杆推离自己)，或控制反应(即从一边移动操纵杆到另一边)。参与者在与拉的动作配对的单词的记忆成绩要比延伸动作或控制动作好得多。此外，Oakes 和 Onyper(2017)得出结论，当运动的参照对象是人而不是电脑屏幕时，运动会诱发记忆。把一件东西拉向你的动作(他们称为运动引发的自我加工偏差)可能会让人与这件东西产生一种心理亲密感，并增强人的记忆力，就像纯粹所有权效应一样(began 1992)。

让身体参与学习增加了信息对记忆的影响(Johnson-Glenberg 等，2016)，特别是当信息是与自我相关时(Truong 等，2015)。然而，先前的研究只关注了通过被动的操纵杆拉近或延伸中自我相关运动(靠近自我或远离自我)(Oakes、Onyper，2017)对记忆的影响。鉴于此，Sullivan 等人(2018)的研究试图复制“靠近＝记住”和“远离＝忘记”由真实的身体运动引发的自我加工偏差的记忆优势。两个实验的参与者在一个单词列表上做笔记，或者把笔记推开、拉向他们、横向移动笔记,或者把单词写在列表中。结果显示,那些把手写的笔记拉向自己的人比那些把笔记推开或横向移动的人回忆得更好。结果表明,当涉及运动时,当参与者通过将信息拉向自己而内隐地获得了信息的所有权时,他们记住的信息比推开信息时要多。在两种控制条件下,学生在不做任何动作或把笔记推到一边的情况下,参与者记住的东西比将笔记推开的时候多。这些结果暗示了身体活动的具身化是所有权效应发生的一个重要变量。

1.2.5 动机因素

有研究者认为自我提高(self enhancement)的倾向会影响自我拥有物品的加工优势,因而这种优势易受动机背景的影响(李占星、朱莉琪,2017)。Kim 和 Johnson(2015)采用 fMRI 技术探讨了动机对所有权效应发生脑区的影响,他们通过不同的实验任务启动有威胁与无威胁两种动机条件。让被试完成前—所有权偏好评定、想象所有权任务、两种动机条件的启动任务、后—所有权偏好评定(并进行 fMRI 扫描)、源记忆测试以及想象所有权评定等任务,结果发现在无威胁的条件下,纯粹所有权效应与大脑中涉及处理个人/情感意义和效价的区域有关,如腹内侧前额叶皮质(vMPFC)、腹侧前扣带皮层(vACC)和内侧眼窝前额叶皮质(mOFC)。相反,在启动威胁的条件下,纯粹的所有权效应与参与选择性/抑制性认知控制过程的大脑区域有关,如额下回(IFG)、额中回(MFG)和外侧眼窝前额皮质(lOFC)。这些发现表明,根据动机背景,不同的神经机制(可能不同的心理过程)有助于与自我相关的对象的自我积极偏差的行为表达。

综合上述研究,通过自我和物品之间短暂的、虚拟的所有权联接就会产生对这些物品的记忆优势。语义组织化和注意可能在这一效应中起着重要作用。自我选择和身体活动的具身化在记忆的所有权效应中起着调节作用。应当注意的是,这些机制之间可能并非是相互排斥的,对自我相关的物品给予更多的注意可能会导致对事件背景的精细表征,也可能导致跟自我相关的项目的语义组织化更容易实现(李占星、朱莉琪,2017)。此外,除了语义组织化,不能排除语义精细化在记忆的所有权效应中的作用。在物品分类过程中,除了建立“我的”和“非我”这样组织化的模块,个体也有可能对自我相关的项目进行深层次的加工,对此尚需要做更进一步的探究。另外,Cunningham 等人(2008)将自我选择的调节作用解释为自我选择的背景更容易被感知到是与自我相关的,Truong 等人(2015)认为身体自我活动的作用可能是由于这一活动反映自身能力和愿望的结合,当主体能力与愿望相一致时会诱发对物品更多的注意。这些解释并没有得到进一步研究的证实,尚需要后续研究的跟进。

1.3 记忆的所有权效应的研究范式

1.3.1 基于分配的所有权效应研究范式

最早对记忆的所有权效应的探讨可追溯至 Cunningham 等人(2008)的研究。他们认为,自我的一个重要功能是识别跟自我相关的外部客体,这些物体仅仅通过自我和物品的所有权关系就能帮助主体对其进行再认。实验操作通常由固定的一名助手与若干名被试分别完成,他们面前的桌子上放有红色或蓝色的两个篮子,分别代表是被试自己的和助手的,并要求他们想象每人将拥有一篮子物品。每个物品均将以卡片形式呈现,主试采用随机的方式分别将卡片分给被试和助手,被试和助手则根据卡片上所标识的颜色将物品放到对应颜色的篮子中。之后,要求被试对物品进行再认,其中有些物品是在学习任务中呈现过的,有些是没呈现过的(具体任务参见图 1)。结果发现,被试对于自己篮子里的物品的再认成绩显著好于对于他人篮子里的物品的再认成绩。这说明,即使在自我和物体之间创立短暂的所有权联接,也可以增强自我拥有物品的再认成绩。后继的研究在他人仅仅是虚拟的条件(Englert、Wentura,2016;Van 等,2010)以及采用自由回忆成绩为因变量(Englert、Wentura,2016;周爱保等,2012)也发现了该效应。

人们对物品的再认可能基于两个水平:记住(remember)和知道(know)。如果被试仅仅知道项目是先前呈现过的,并不记得呈现时的细节,那么这种判断被认为是基于"知道"水平的;如果被试清楚地记得这些项目,能回忆起单词呈现时的细节,或者能够检索事件发生时的感知过程或伴随的情感状态,那么这种判断被认为是基于"记住"水平的,是一种更深的编码过程。一

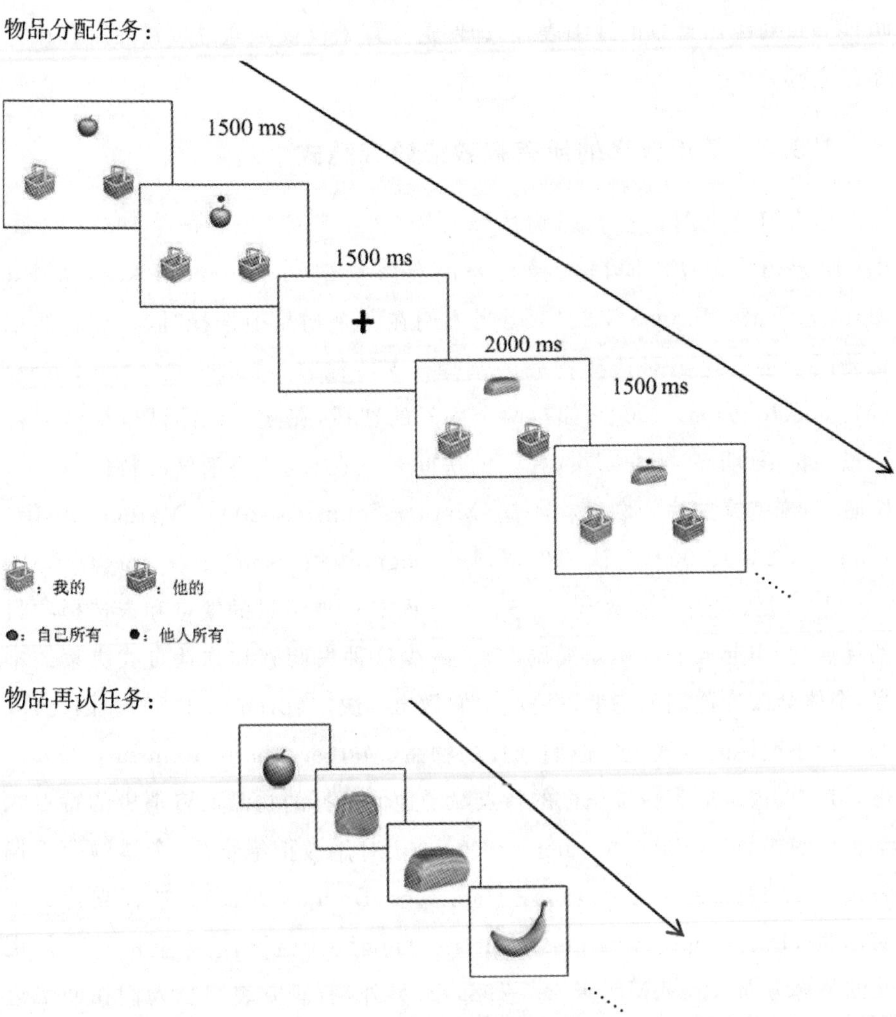

图 1　记忆的所有权效应任务示例

种观点认为，自我参照的编码会导致人们对跟自我相关的事件进行精细加工，进而增强对这些事件的记忆（Craik、Lockhart，1972）。依照这种解释，所有权信息只会影响人们“记住”水平的再认判断，而不会影响“知道”水平的判断。Van 等人（2010）采用和 Cunningham 等人（2008）类似的任务，要求被试对物品进行再认测试后继而回答这一判断是基于“记住”还是“知道”做出的。结果发现，被试对分给自己的物品的再认情况更好。但是，这种效应只出现在“记住”判断中，而在“知道”判断中则没有出现。这提示，自我参照的编码可能导致对编码背景的精细表征，即便这一背景仅仅是通过短暂的所有权关系建立起来的。

1.3.2 基于选择的所有权效应研究范式

已有研究表明记忆会影响选择行为(Biehal、Chakravarti，1983；Henkel、Mather，2007)，同样选择行为也会影响记忆(Hirano、Ukita，2010；Mather、Shafir、Johnson，2010)。当人们在两个物品中选择时，在随后的记忆测试里会表现出对选择物品的选择—支持偏差(choice-supportive bias)(Mather、Johnson，2000)，如对两个房间的选择，在随后的测试里被试会将积极的特征(明亮、阳光)与选择了的房间联系在一起，将消极的特质(狭窄、阴暗)与未选择的房间联系在一起(Mather、Johnson，2000；Mather、Shafir、Johnson，2000、2003)。认知失调理论(cognitive dissonance theory)(Festiger，1957)认为当个体做出一个选择后，面对选择项目的缺点和未选择项目的优点，会引起人们的认知失调，为了减少这种失调感和弥补自我决策的不足，个体会改变他们的态度以适应他们做出的决定(Brehm，1956)。因此，人们以最小遗憾的方式记住他们选择的物品(Mather、Shafir、Johnson，2000)。也就是说，被试更容易将积极的特点赋予他们选择的物品而将消极的特点赋予拒绝的物品(Henkel、Mather，2007)。相对于被拒绝物品，个体倾向于偏爱被选择的物品(Brehm，1956；Hammock、Brehm，2010)。选择支持的不对称性(choice-supportive dissymmetries)可能反映了构造—重构加工是记忆的关键方面(Ross、Mirowsky，1989)。另外，有研究表明当人们在回忆过去的选择时会表现出记忆的失真(Mather、Johnson，2000；Mather、Shafir、Johnson，2000)，因为记住选择物品的优点和拒绝物品的缺点能使一个人感到满足(Mather、Johnson，2000)。在两个物品里选择时，被试会认为自己选择的物品比未选择的物品更好(Mather 等，2003)，对选择的物品赋予了更多的特点，也进行了更多的加工。然而，Cloutier 和 Macrae (2008)的研究中在选择的条件下，要求被试从放在桌子中央的碗中交替选择一张纸。这个碗里有 40 张纸，每张纸上都写着一个独特的数字(被试看不到这些数字)。一旦一张纸被选中，它就会被递给实验者，实验者根据数字在剪贴板上查找对应的单词(人格特征词)，然后读出对应的单词。重要的是，从来没有人指出这些特征词指向被试,他们也不需要对这些词作外显的思考,结果发现,无论是再认测试还是自由回忆测试,自我选择条件下特征词的记忆成绩显著高于他人选择条件。

1.3.3 基于分配与选择混合的所有权效应研究范式

当一个对象或客体与自我联系起来,其编码也因此随着自我加工偏差的增加而增强。如果所有权和选择都有这种作用,那么分离它们各自的影响就会引发一些有趣的问题。在大多数情况下,一个人做出的选择(自我卷入)会产生与自己相关的结果(比如自己所拥有的)。但是,当一个人选择一个对象给别人,或者一个人成为别人选择的对象的所有者,或者分给了别人自己所拒绝的对象时,会发生什么呢?如果自我与客体关联的强度是记忆成绩增加的基础,那么通过选择和所有权操纵这种关系可能会对记忆产生影响。Cunningham 等人(2011)在基于所有权范式(Cunningham 等,2008)中加入选择操作探究了该问题。在这一研究的实验一中,要求被试根据颜色匹配任务将廉价的杂货分类到购物篮中,同时想象他们各自拥有一个购物篮中的所有物品。两组被试轮流得到两件物品,当被试为自己选择一件物品时,剩下的拒绝选择物品分配给他人;当他人为自己选择一件物品时,剩下的拒绝选择物品会分配给被试,即形成了基于分配与基于选择的两种所有权形式。结果发现,被试给自己选择的物品的记忆成绩显著好于他人给他人选择的物品、他人分配给自己的物品以及被试分配给他人的物品。已有研究表明简单地分配物品的临时所有权会增加再认成绩(Cunningham 等, 2008; Van 等, 2010),而该研究发现当物品以另一种拒绝的方式分配给自己时,这种记忆优势就会被调节。从直觉上看,这类东西不太可能包含在扩展自我中(Belk, 1988),可能是由于被拒绝的物品没有调动被试更多的注意资源,也没有引起能记忆增强的精细加工偏差。然而,也有可能这些未选择的物品不符合被试的个人品位和目标,因此也不容易存储在自我知识框架中(Carver 等, 1983; Klein 等, 1989)。当参与者选择要拥有的物品时,这些物品很可能是与自传体记忆一致的,从而导致更精细的记忆表征以及在后续过程中获得更多的检索机会。他们在实验二中采用一种虚拟的数字勾选物品的形式,被试成对完成实验。他们面对面坐在一张桌子旁,被要求想象他们每个人都有一篮子物品，要求他们通过在表格中选择数字的方式给他自己和另外一个被试选择物品。两个不同颜色的购物篮分别分配给两个被试，拥有红色篮子的被试获得一支红色的钢笔和一个显示数字 1～50 的格子。拥有蓝色篮子的被试获得一支蓝色的钢笔和一个显示数字 51～100 的格子。要求两名被试在 25 个数字上画一个叉号，这些画叉号的数字所代表的物品将成为他们的购物物品（即每个数字代表一种物品）。每个网格上的未画叉的数字表示将分配给另一个被试的物品。因此，每个被试都有一个格子，上面用自己篮子颜色的笔迹标记了 25 个数字，还有 25 个数字是空的，每个被试都相信他们将会收到（或拥有）50 件物品，其中一半与他们选择的号码相符，另一半是另外一个被试没有选择的号码。尽管被试认为给自己和同伴分配物品与在两个格子上标出的选择有关，但实际上电脑程序控制了将哪些物品分配给两个篮子，结果复制了实验一的发现。实验三采用实验二的程序，所不同的是其因变量为源记忆判断，结果发现自我选择的项目更可能被正确地归于自我拥有的。后续有研究者采用抽象名词作为实验材料也得到相同的结果（任德云，2014）。

1.4 记忆的所有权效应的发展

自我连续性的知识被认为是自我理解的必要条件，Fasig（2010）探讨了将所有权作为人际扩展自我知识理解的证据，他的研究要求 18 个月到 28 个月的儿童把自己或他人的物品识别出来，并参与了经典的镜像自我识别任务，其母亲完成自我发展问卷。结果表明，这些孩子对所有权有基本的理解，这种理解将提供自我描述和评估的孩子与没有提供自我描述和评估的孩子区分开来，而镜像自我认知与所有权理解或自我描述和评价无关，研究表明，18 个月到 28 个月的儿童就能区分熟悉物品的所有权，通过所有权可以用来了解儿童自我概念发展程度。Sui 和 Zhu 最先采用所有权的研究范式探索儿童自我参照效应的年龄发生阶段，他们在实验中向 4 岁、5 岁和 10 岁儿童呈现被试自己或他人的面孔及 12 张物品图片，要求被试大声报告“谁指向了这个物体”，通过这种方式建立自我与客体之间的联系，结果发现 5 岁儿童表现出基于所有权的自我参照效应。此外，他们还认为之前的研究范式中使用的实验任务对于儿童有一定难度，如果实验任务适合于儿童的心理发展规律，那么年龄较小的儿童也会表现出自我参照效应。为了进一步探究自我参照效应的发生阶段,周爱保等人(2010)通过简化实验材料与任务程序,要求3岁、4岁、5岁和7岁儿童对物品进行所有权(ownership)识别并报告"这是我的××"或"这是李明的××",然后将图片放入相应的纸盒并再次报告,分心任务后再进行自由回忆,结果发现4岁儿童也表现出记忆的所有权效应。之后,他们分别采用基于所有权的任务和基于特质词的任务,对比了两种任务中4~9岁儿童自我参照记忆的发展。结果发现,在基于所有权的任务中,5岁儿童回忆归属给自己的物品比回忆归属给他人的物品更多,而直到7岁,才出现基于特质词的记忆优势,这表明儿童的自我参照记忆确实会受到任务要求特征的影响,表现为在不同的任务中,自我参照记忆开始出现的年龄并不一致(Zhou等, 2011),所有权效应可以用来探讨基于儿童基于记忆的自我加工优势的发生与发展。

Ross等人(2011)也考察了3岁和4岁幼儿基于所有权的自我参照记忆。为了验证被试对属于自己的项目的记忆优势是因为物品跟自我之间的所有权联系带来的,他们还设置了无自我参照条件,该条件下被试只是简单地把物品分配到两个篮子里面,而不对两个篮子的所有权信息进行标定。除此以外,在自我参照条件中,两个篮子的颜色也是相同的,以排除颜色差异导致自我参照记忆的可能性。结果发现,当要求儿童对分配任务中的项目进行自由回忆时,自我参照条件下3岁和4岁幼儿均表现出了基于所有权的自我参照的记忆效应,并且4岁比3岁的自我参照记忆更明显,而无自我参照条件则没有这种差异。当要求儿童对分配任务中的项目进行再认时,自我参照条件下3岁和4岁幼儿的自我参照效应呈边缘显著趋势,非自我参照条件仍未发现这种差异。这显示,基于所有权的自我参照记忆可能在3岁时就已出现。

物品再认要求个体在自我和他人之间进行区分,这可能依赖于儿童心理理论(自己能否站在他人角度思考问题)的发展。为此,Cunninghum等人(2013)采用所有权范式考察了4~6岁儿童的自我参照记忆,同时对他们的语言能力和心理理论(自己能否站在他人角度思考问题)进行了测查。结果发现,尽管研究中的儿童表现出了基于所有权的自我参照记忆效应,但儿童对归属给自己的物品的再认正确率是随着年龄增长而逐渐降低的。并且,这一发展趋势不受被试语言能力和心理理论(自己能否站在他人角度思考问题)的影响,只有年龄才是基于所有权的自我参照记忆的显著预测变量。

1.5 特殊认知障碍个体记忆的所有权效应

探讨记忆的所有权效应的另一条途径,是针对认知障碍个体的研究,如遗忘症(amnesia)患者。不少的遗忘症患者都存在长时记忆障碍,而长时记忆主要依赖于深度语义加工。如果记忆的所有权效应是精细加工的结果,那么可以预期那些长时记忆受损的个体将不会出现该效应。Sui 和 Humphreys(2013)考察了一例遗忘症病人 GA 的自我参照记忆情况,该患者伴随有明显的语义记忆问题。研究中分别采用所有权范式和特质词评价范式。结果发现,在两个范式中 GA 都表现出自我参照的记忆优势,并且,遗忘症患者在特质词范式中的表现和正常控制条件的表现是类似的。由于长时记忆受损,自我知识不太可能参与到项目的编码过程中去,结果显示自我和项目之间的联接足以导致记忆的所有权效应,而不依赖于自我知识的运用。接着,他们要求 GA 和正常控制条件分别对项目进行深度语义加工(判断项目是不是生命体)和表层加工(判断项目大小),再让他们对项目进行再认和回忆判断。正常组在深度语义加工条件下的再认和回忆率显著好于表层加工条件,而 GA 在两种加工条件下的再认和回忆情况没有显著差异。这说明,深度语义加工对 GA 的项目记忆不起作用。但是,即便没有深度语义加工的参与,GA 也存在自我参照的记忆优势,说明对属于自我的项目的记忆优势并不是深度语义加工的结果,而可能跟自我功能的表达有关,仅仅通过自我和物品之间建立简单的所有权联接就足以诱发该效应。

自闭症(autism)患者作为一类自我功能有明显缺陷的个体,他们的自传体记忆明显差于常人(雷文婷、莫书亮,2013)。自我功能方面的损伤可能导致记忆的自我参照优势很难在他们身上表现出来。此外,由于多数自闭症患者具有语言障碍,基于特质词的研究范式很难在自闭症个体身上实施。相对而言,基于所有权的研究范式更适合探查自闭症个体的自我参照记忆。Grisdale 等人(2014)利用这一范式研究了自闭症个体是否存在记忆的所有权效应。结果表明这一效应在正常人身上体现得非常明显,而自闭症个体则未表现出该效应。这说明,自我功能缺损可能导致记忆的所有权效应难以表达。

虽然以上两项研究均提示记忆的所有权效应更可能跟自我功能的表达有关，但是仍不能排除语义加工在该效应中起作用的可能性。遗忘症病人缺损的记忆功能更多地跟语义精细化加工有关，而他们的语义组织化功能却是相对完善的，Sui 和 Humphreys 所检验的更多的是语义精细化在记忆的所有权效应中的作用。个案研究的方法也限制了结论的普遍性。在 Grisdale 等的研究中，并未对自闭症的类型进行明确区分。自闭症包含不同的亚型，一些语言功能良好的自闭症个体（如高功能性自闭症）仍可能采用语义加工的策略，而那些严重的自闭症个体也通常伴随有记忆方面的问题。这些问题在未来的研究中需要考虑。

现实生活中还存在一类所有权感知困难的个体。Zahn 等人（2008）曾报告过一例客体所有权感知缺失的病例，该病例在视觉、记忆和主体感知方面均没有问题，但在感知自我与物品之间的联接方面存在问题，往往需要一定的时间才会意识到自己是感知物品的那个人。这类个体明显地存在自我所有权感知方面的弱化，倘若让其执行基于所有权的记忆参照任务，对于我们揭示记忆的所有权效应的内部机制或许具有一定启发。

1.6 不同关系他人中记忆的所有权效应

以往研究表明，东西方文化在自我概念上存在着巨大差异。西方文化更强调独立自我概念，将自我表征为与他人不同的独特的个体；而东方文化更强调互依自我概念，将自我表征为与他人特别是亲密他人相互联系的个体（Markus、Kitayama，1991、2010）。这一文化差异可以通过自我参照的记忆优势反映出来。之前采用特质词评价的范式发现，尽管东方文化中的个体和西方文化中的个体一样，对跟自我相关的词汇的记忆程度显著好于跟陌生人相关的词汇的记忆程度，但是中国被试对跟自我相关的词汇和跟妈妈相关的词汇表现出类似的记忆偏好，西方被试则没有这种差异（Sui 等，2014）。这一效应可能受到了自我知识的影响，因为基于特质词的范式对词汇跟自我和他人之间的相关性进行评价，中国被试对重要他人的自我知识更可能跟自我表征相重合。基于所有权的研究范式避免了自我知识的影响，因而借此考察不同文化个体的自我表征更加客观。Sparks 等人（2016）利用这一范式考察了东西方被试基于所有权的自我参照记忆。结果发现，西方被试存在明显的自我参照记忆优势，而中国被试对自我和他人物品的记忆情况类似，无论他人是陌生人、好朋友还是妈妈。当要求被试将分配的物品划过屏幕，借此唤起他们对物品的注意时，西方被试对分配给自己的项目的记忆情况仍显著好于分配给他人的项目；中国被试对分配给自己的项目则差于分配给妈妈的项目，略高于分配给陌生人的项目。这一研究的结果表明，东西方文化中的个体在自我表征上确实存在着文化差异，可以通过他们记忆的所有权效应表现出来。

近期的一项研究提示，上述差异也可以通过基于模拟的心理化(simulation-based mentalizing)来解释(Allan 等，2016)。研究以西方被试为对象，首先通过计算机情境要求被试与两组虚拟的同伴进行交互，借此暗示给被试同伴与自己偏好类似和偏好差异方面的信息。之后让被试进行所有权分类任务，将项目在自己、偏好类似的同伴以及偏好不同的同伴之间进行所有权归类。结果发现，被试回忆自身项目的正确率显著高于分给他人的，无论他人与自己的偏好是否类似。被试回忆偏好类似组项目的正确率也显著高于偏好差异组。研究还发现，被试更倾向于将偏好类似组的项目错误地记忆为是自己的，也更倾向于将自己的项目错误地记忆为偏好类似组他人的。这一结果表明，基于模拟的心理化也会产生记忆的所有权效应，表现为个体对跟自己心理特征相似的同伴的物品也更容易记住，尽管其程度不及指向自我的项目。该研究为 Sparks 等人的研究提供了另一种解释。在未受暗示的情况下，东方文化中的个体可能跟关系密切的人进行更多基于模拟的心理化，因而对属于妈妈的或同伴的物品也更容易记住。

虽然所有权被公认对信息加工的各个方面产生了强有力的影响，但这些影响的起源在很大程度上仍然是未知的。基于前人研究发现自我相关的信息促进个体感知判断(Sui 等，2012、2014)，Golubickis 等人(2017)采用两个实验探讨了所有权是否有可能增强对象分类，结果发现与陌生人(实验一)或最好的朋友(实验二)拥有的物品相比，在客体分类任务中自我拥有的物品分类速度最快。为了建立这种效果的基础，使用层次漂移扩散模型(HDDM)方法对任务表现的基本过程进行了研究，结果显示所有权效应的基础是一种反应偏差；Golubickis 等人(2018)探讨文化对所有权的影响是否能从记忆领域扩展到客体分类的有效性领域。在两个实验中,要求来自西方和东方文化的被试报告被分配的项目是自己的或母亲的。结果显示,来自两种文化的被试都具有自我优先效应,即对自我拥有的客体的反应速度比母亲拥有的客体的反应更快。为了确定这种效应的起源,研究者也使用分层漂移扩散模型(HDDM)方法研究了任务表现的基础过程,结果显示,所有权效应主要是由决策前的偏差引起的。这些发现阐明了客体加工过程中所有权效应的范围和起源。

1.7 所有权效应在人类学习中应用的相关研究

1.7.1 心理所有权效应在人类学习中的应用

心理学在教学实践中扮演着重要的角色,而认知理论为各种学习策略运用于学生的学习过程中提供了理论支撑(Pressley 等, 1989)。学习者致力于学习某些材料时,这些材料会被进行丰富的编码,进而更有可能被学习者成功地记住(Fredricks 等,2004; Sadoski 等, 2000; Sadoski, 2001)。双编码(Paivio, 1986)和加工水平(Craik、Lockhart, 1972)等记忆加工的研究表明,丰富的编码(例如促进已有知识与当前知识的联系)是提高学习成绩的关键(Sadoski, 2001)。与此观点一致的是,Sadoski 和他的同事们证明了学习材料的具体性和熟悉性对文本学习具有高度的预测性,他们认为这些特征唤起了丰富的语言加工和非语言加工(Sadoski、Mark, 1993; Sadoski 等, 2000)。基于这些发现,Sadoski(2001)建议教育工作者在儿童的学习材料中加入具体形象的特征(如个人爱好和卡通人物)以促进丰富的编码。然而,很明显的是,教师不能为每个儿童创造他们感兴趣的材料。这一挑战的一个潜在应对方案是利用一种无处不在的、高度可靠的特性来吸引儿童的注意,从而提高他们的学习能力,就是"他/他们自己"。

自我加工偏差的特点与 Sadoski(2001)对教育材料的建议明显一致,即熟悉性和具体性。甚至在幼儿时期,人类个体就有一种高度发达的自我意识,这种自我意识经常被启用并通过具体的知识得到丰富与补充(Lewis, 2010)。自我概念被认为是自我加工偏差的基础,它能促进与自我加工相关记忆的高度精细化加工和组织化加工(Klein、Kihlstrom, 1986; Klein、Loftus, 1988; Symons、Johnson, 1997)。因此,自我知识框架促使自我加工背景中被编码的教育材料能够更成功地保留下来。在编码时唤起自我的另一个非常有价值的认知结果是,它能触发增强任务投入的机制。具体来说,自我关联的线索如自己的脸或名字,会引起注意力的自动转移和情感唤起的增加,这些变化都对记忆有显著的积极影响(Turk、Cunningham、Macrae, 2008; Turk 等, 2011)。

卷入度在教学实践中发挥着很重要的作用,随着教育实践的发展,研究者们致力于从实证研究的视角来探讨学生的卷入度与学生的兴趣和学习动机之间的关系(Eccles、Wigfield、Schiefele, 1998; Wigfield、Eccles, 2002)。已有研究表明具备认知卷入、情感卷入和行为卷入三种特征的卷入可以促进人类的学习(Christenson、Reschly、Wylie, 2012; Fredricks 等, 2004)。将学习卷入的这三个相互关联的组成部分最大化的任务,如代理的卷入,会对学习成绩产生积极的影响(Reeve, 2013)。与自我加工相关的注意资源分配增加、积极的情感增多和认知表现增强正好与学习卷入的三个特征不谋而和,这表明自我加工偏差可能影响学生学习的卷入水平。对此,Turk 等人(2015)认为在教育材料中卷入自我加工策略可以满足 Sadoski(2001)提出的有效教学策略的关键标准:促进编码的丰富和增加学习的投入。Turk 等人(2015)在识字教育的背景下对上述推论进行了研究,他们要求 7～9 岁儿童在自我卷入或他人卷入任务中练习拼写,考察儿童准确学习新单词(实验一)和熟悉单词(实验二)拼写的能力。在自我卷入任务中,要求儿童用要学的单词以他们自己为主语造句,而在他人卷入任务中,则要求儿童用另一个角色作为句子的主语来造句。拼写测试的成绩表明,儿童在自我卷入时的学习成绩相对于他人卷入时更具有优势,自我卷入的平均分数比他人卷入时高出 20%。在练习过程中,儿童还写下了明显较长的句子,这表明儿童对任务的持续关注有所增加。这一研究表明自我加工通过增加儿童的注意力和增强儿童的记忆来提高儿童的学习成绩,为自我加工偏差在儿童课堂中的应用提供了依据。

现有的一些研究支持这样的论点,即自我加工偏差可以成功地应用于读写环境中。例如,孩子们通常能够在其他单词之前写出和拼写自己的名字(Hoorens、Todorova, 2010),并且表现出偏好自己名字中所出现的字母

(Both-de Vries、Bus，2008；Treiman、Kessler、Bourassa，2001)。孩子早期关注自己的名字字母，尤其是名字的第一个字母，被认为是由于对声音—字母组合的敏感性增加(Vries、Bus，2010)。这也很可能反映出一个人对自己名字的极度熟悉性和积极性(姓名—字母效应)(Nuttin，2010)。Turk等人(2015)的研究表明，在巩固新记忆信息的过程中进行自我加工可以增强儿童的记忆能力。这种操作与大量的自我研究具有相同的特点，并且有研究已经证明了修改材料以适应儿童的兴趣是提高学习成绩的一种非常有效的策略(Cordova、Lepper，1996；Sadoski等，2000)。包括孩子的名字可能是自我的一种极端形式，它对提高儿童的学习成绩能产生积极的影响。然而，就教育实践而言，自我在整体教学中实施的能力是有限的，并且它通常也依赖于个体产生自我加工联想的能力(例如产生一个包含自我与学习材料的句子)，也可能受到年龄或能力的限制。先前的研究表明，当物品为自己所拥有时(例如一个人自己的咖啡杯)，它会引发与自我加工相关的认知偏差从而引起注意资源的增多和记忆能力的增强。例如，比起别人拥有的相似物品，人们会更关注自己拥有的物品，即使在临时分配所有权的游戏中(例如所有的红色物品都是你的，所有的蓝色物品都是我的)这种加工偏差也会被触发，从而导致对自己拥有的物品有更好的记忆(Cunningham等，2008；Cunningham等，2011；Van等，2010)。Cunningham等人(2018)首次采用所有权范式研究了所有权游戏是否能在教育背景下提高新信息的学习成绩，他们采用假词标签与新异图形作为实验材料通过两个实验测试了所有权游戏的教学如何提高儿童的学习成绩，实验一(基于选择方式获取的所有权)与实验二(基于分配方式获取的所有权)的结果均发现了记忆的所有权效应，在实验二中设置了控制条件，发现所有权对儿童学习效果的提高不以耗损其他归属类型下的学习效果为代价。研究表明，当儿童学习新的信息时，教育工作者可以利用所有权游戏的优势，因为它引发的自我加工偏差可以使需要学习的材料产生更好的记忆效果，从而提高儿童学习成绩。

1.7.2 身体所有权效应在人类学习中的应用

人们对运动是如何影响我们的思维、感觉和记忆的这一问题越来越感兴趣。随着研究者不再把心理看作一台计算机，将符号数据输入以产生符号输出，从而产生了心理与身体不可分割的具身认知理论。这一理论认为，身体在人类的感觉和运动系统中影响我们如何思考和体验情感（Davis、Markman，2012）。因此，身体认知理论的一个有意义的应用在于身心联系如何影响学习和教育（Davies，2009；Stolz，2015）。有关身体在学习中的中心作用的研究表明，学生在学习某一材料时将身体参与到学习过程中会产生对该材料更好的记忆效果（Johnson-Glenberg 等，2016；Lindgren、Johnson-Glenberg，2013），因为身体运动给学生提供了信息，使他们能够处理信息从而增强记忆力（Madan、Singhal，2012）从而提高学习成绩。

虽然具身认知的研究表明，运动可以激活思维过程并增强记忆，但输入记忆所需的运动类型却没有什么特别之处。如果记忆是通过运动增强的，那么运动本身就不应该是任意的。相反，运动应该直接与材料联系在一起。Truong 和他的同事（2015）的研究表明，卷入拉的运动可以增强记忆，并使人产生一种拥有的感觉，那些把东西拉向自己的动作会使人觉得这些东西好像是属于他们自己的（Truong 等，2015）。之前的研究已经表明与远离自我的物体相比，拉向自我的物体会被认为更有价值（Morewedge、Giblin，2015），并且更容易被人记住（Cunningham 等，2008）。由于把物体拉向他们的身体动作，将自己拥有的物品拉向他们自己的被试会记住更多的物品。

研究表明人们体验自我加工偏差并不需要明确地说明所有权（Oakes、Onyper，2017）。就像之前由 Peck 和 Shu（2009）所展示的那样，仅仅触摸一件物品就会增加个体将物品看作被自己拥有的可能性。Oakes 和 Onyper（2017）让参与者根据与单词颜色相关的规则完成一个需要“拉的反应”的单词分类任务（即把操纵杆拉向自己），一种延伸反应（即将操纵杆推离自己），或控制反应（即将操纵杆从一边移动到另一边）。参与者在与拉的动作配对的单词的记忆成绩要比延伸动作或控制动作好得多。此外，Oakes 和 Onyper（2017）得出结论，当运动的参照对象是人而不是电脑屏幕时，运动会诱发记忆。把一件东西拉向自己的动作（他们称为运动引发的自我加工偏差）可能会让人与这件东西产生一种心理亲密感，就像纯粹所有权效应一样（began 1992）从而增强人的记忆。

让身体参与学生学习过程中可以增强学生学习的效果（Johnson-Glenberg 等，2016），特别是当学习任务与自我相关时（Truong 等，2015）。然而，先前的研究只考察了通过被动的操纵杆拉近或延伸中自我相关运动(靠近自我或远离自我)(Oakes、Onyper，2017)对记忆的影响。鉴于此，Sullivan 等人(2018)的研究试图复制“靠近＝记住”和“远离＝忘记”由真实的身体运动引发的自我加工偏差的记忆优势。两个实验的被试在一个单词列表上做笔记，或者将笔记推开、拉向他们、横向移动笔记，或者把单词写在列表中。结果显示，那些将手写的笔记拉向自己的人比那些将笔记推开或横向移动的人回忆得更好。结果表明，当涉及运动时，当参与者通过将信息拉向自己而内隐地获得了信息的所有权时，他们记住的信息比推开信息时要多。在两种控制条件下，学生在不做任何动作或把笔记推到一边的情况下，参与者记住的信息比将笔记推开的时候多。这些结果不仅表明了对自我所有项目的接受，而且可能暗示了对不属于自我的项目的否定，也提示了未来研究需要对运动和记笔记以及它们对记忆的综合影响进行研究。

2 问题提出与总体设计

2.1 问题提出

2.1.1 现有研究不足

对以往的文献进行梳理后发现，研究者对所有权在儿童教育领域中的应用积累了一定的研究成果和一些有价值的发现。但目前研究还存在以下几点不足，需要未来进一步的探索。

首先，所有权对儿童学习效果影响的结论仍存在争议。

近年来，自我加工偏差对学习效果的影响已经引起较多研究者的关注。现有的一些研究支持这样的论点，即自我加工偏差可以成功地应用于教育环境中。然而研究结果却并不一致，例如，儿童通常能够在认识其他单词之前写出和拼出自己的名字，并且表现出对自己名字的明显偏好，包括自己名字中的字母（Both-de Vries、Bus，2008；Treiman、Kessler、Bourassa，2001）。儿童期关注自己的名字字母，尤其是名字的第一个字母，被认为是由于对语音—字母组合的敏感性增加（Both-de Vries、Bus，2008）。Mood(1979)的研究表明，自我加工偏差的材料（儿童自己的名字）可以显著提高年幼儿童（2～5岁）的句子理解能力。然而其他相关研究出现了相反的结果，Pressley 等人(1982)报告了在成人学习新单词时使用自我加工编码相对于其他编码策略对学习效果产生了消极的影响。尽管 Cunningham 等人(2018)从所有权范式出发探讨了所有权对儿童学习效果的影响，但这些研究在方法（特别是在控制条件方面)以及测量指标上差异较大,无法从混合的结果中得出确切的结论。鉴于这些研究中所报告的模棱两可的发现,有必要进一步研究所有权对儿童学习效果的影响。

此外,已有研究采用重复测量设计比较不同归属类型之间的差异,减少了潜在的个体差异,但降低了组间比较的可靠性(Cunningham 等, 2018),尽管以无归属类型为组内比较基线,但这种设计不利于与非所有权游戏中被编码项目的记忆进行比较,因为教育游戏(或严肃游戏)(Annetta、Publishers, 2008)会提高儿童的参与度、激发更多的注意进而增强记忆的效果(Connolly 等, 2012; Miller 等, 2011; Whitton、Moseley, 2014)。为了排除教育游戏本身对儿童学习效果的影响,需要设置一个看似与无归属类型相似但其作用完全不一样的非所有权操作作为控制组。Cunningham 等人(2018)在实验二研究中设置一个控制条件——没有任何归属操作条件下要求被试将卡片放入不同颜色的篮子内,从而考察了所有权操作条件与被定义为游戏的控制条件(非所有权操作)之间的差异(Cunningham 等, 2018)。由此可知,探究所有权对儿童学习效果的影响时控制条件显得尤其重要,主要是要确定相对于基线而言,自我归属类型下的学习成绩是否会以降低非自我归属类型下的学习成绩为代价。换句话说,所有权操作有可能会提高儿童对自我归属类型下的学习成绩,而降低对他人归属类型和无归属类型下的学习成绩,因此,有必要将三种归属类型下的学习成绩与控制组基线进行比较,确定自我归属类型下的学习成绩显著高于他人归属类型与无归属类型下的学习成绩,他人归属类型下的学习成绩不显著低于无归属类型下的学习成绩,但是自我归属类型下的学习成绩显著高于基线控制组,他人归属类型下的学习成绩不显著低于基线控制组,以及无归属类型下的学习成绩与基线控制组无显著差异,这将会对所有权有效地应用于具体教学过程中产生重要的影响。

其次,测量指标较少,其所得出的结果缺乏生态效度。

尽管 Cunningham 等人(2018)将所有权范式应用于教育实践中对儿童学习具有指导作用,但仍有许多问题需要进一步研究。

从学习结果测量方式来看,前人研究将所有权应用于儿童的学习中均采用自由回忆的测量方式(Cunningham 等，2018)，即将已有信息从大脑中直接提取出来的方法(如简答题)，但在学习过程中有时可利用一定线索将信息再认出来(如选择题)。由此可知，采用再认的测量指标验证所有权对儿童学习效果的影响显得尤其重要。

此外，在前人的研究中，对儿童进行了意外记忆测试，他们在编码过程中没有意识到他们会从练习策略或其他学习策略中获益。在主动学习过程中，告知被试后续将有一个记忆测试，更有利于儿童使用各种学习策略从而提高学习成绩，将这种测试方式运用于儿童学习过程中更具有生态效度。

再次，不同所有权获取方式之间缺乏横向比较。

Cunningham 等人(2018)首次采用所有权范式研究了所有权游戏是否能在教育背景下提高儿童的学习成绩。在两个实验中，7～9 岁的儿童要么为自己选择卡片(具有新异图形和标签)(实验一)，要么由实验者分配给他们卡片(实验二)。尽管实验结果发现两种实验操作中自我归属类型下卡片的记忆成绩显著高于他人归属类型下的记忆成绩，但并没有将基于分配与基于选择的两种方式获取的所有权进行比较，这不利于将所有权应用到教学情境中的择优选择。

代理选择一直被认为是一种强大的教育工具(Katz、Assor，2007；Patall、Cooper、Robinson，2008)。Perlmutter 和 Monty(1977)的研究发现，选择提高了成年人在配对联想学习任务中的表现，他们认为选择增加了对控制的感知进而增强了觉醒、认知卷入以及学习效果。其他研究已经证明，选择不仅是认知上的激励，而且是情感上的鼓励，从而使学生在学习情境中增加了自我效能感(Langer，1975；Zuckerman 等，1978)，重要的是，将选择引入教育活动中可以促进学生的学习兴趣和增强学生的学习效果(Cordova、Lepper，1996；Flowerday、Schraw，2000；Patall 等，2008；Patall、Cooper、Wynn，2015)。例如，Cordova 和 Lepper(1996)发现，在数学游戏的任务无关方面(如角色名字)的选择可以显著提高儿童的学习能力。Cunningham 等人(2011)探究了自我选择和代理选择(分配)之间的关系，让被试参与了一项所有权任务，在这项任务中他们能够为自己选择物品也可以为他人分配物品，结果发现，被试为自己选择的物品记忆成绩显著高于分配给他人的、他人分配给被试的以及他人为他人选择的物品的记忆成绩，而后三者之间的记忆成绩差异不显著，说明自我选择条件下会出现记忆的所有权效应，而他人分配的条件下不会出现记忆的所有权效应，这与 Cunningham 等人(2018)在学习领域中的相关研究结果不一致。Huang 等人(2009)尝试将选择方式获取的所有权与分配方式获取的所有权分离开来，发现选择方式获取的所有权对客体评价的影响大于分配方式获取的所有权。一个潜在的原因是，选择履行了重要的心理功能，如自我肯定和自我验证。与此观点一致的是，已有研究提出诸如选择的动作会导致更高的控制感、自主性以及更高的参与度，表明所有权会影响自我认知和行为(Peck、Shu，2009)。综上所述，在学习领域中，再次验证选择方式获取的所有权的学习效果是否优于分配方式获取的所有权的学习效果对教学方法的择优选择具有重要的指导意义。

最后，将所有权运用到儿童学习中的本土化研究较少。

Markus 和 Kitayama(1991)有关文化与自我的观点认为，东方文化背景下个体的自我概念具有互依性的特征，强调保持自我与他人相互依存关系，自我图式涵盖了较为亲密的他人，如自己母亲(Oyserman，2017)、朋友和恋人(Allan 等，2016；周丽、苏彦捷，2008)、甚至老师(袁中星，2007)等；然而，在西方文化背景下，个体的自我属性具有独立性的特点，强调维持自我的完整性和排他性，并且得到大量脑成像研究的支持(Li 等，2006；Wang 等，2012；Zhu 等，2007)。所有权效应也属于自我研究的一个方面，那么，不同关系他人卷入条件下的所有权教学是否会对儿童学习产生影响，其影响程度如何呢？不同所有权获取方式在关系他人卷入条件下对儿童学习效果的影响是否存在差异呢？对于学生的学习过程，大多数情况下不是学生自己选择学习内容，更多的是他人分配，儿童阶段的社会关系无外乎亲子关系、师生关系、同伴关系(林崇德，2009)，因此，探究父母、老师与朋友等他人分配所有权条件下的所有权效应显得尤其重要，对于指导儿童学习有重要的理论与实践意义。

2.2.2 拟研究的问题

基于以上论述，本研究聚焦于在教学过程中所有权对儿童学习效果的影响这一主题，主要探讨以下几个问题。

第一，为了解所有权对儿童学习效果的影响，本研究分别在基于选择与基于分配的两种所有权获取方式下，加入控制条件进行基线比较，拟探讨加入所有权的教学情境可以提高儿童的学习成绩，以及自我归属类型下学习成绩的增加不以降低非自我归属类型下的学习成绩为代价；鉴于自由回忆与再认属于两种不同的记忆测验方式，本研究还要查明所有权对儿童学习效果的影响是否会在不同的测验方式（自由回忆与再认）间存在差异。

第二，比较基于选择与基于分配两种不同方式获取的所有权运用于儿童的学习过程中，对于提高儿童的学习成绩是否存在差异。

第三，鉴于中国人的自我属于关系型自我的特征，本研究还进一步探讨在基于选择与基于分配两种所有权获取方式条件下，将母亲、朋友以及老师分别作为他人条件纳入，是否会提高儿童的学习成绩。

第四，考虑到具体教学情境中的所有权，多数情况下是基于分配方式获取的所有权，本研究还侧重探讨所有权教学过程中不同关系他人分配学习任务时，所有权对儿童的学习效果的影响是否因不同关系他人（老师、母亲、朋友）归属类型而存在差异。

2.2 研究总体设计

为研究上述问题，本研究拟采用三个研究共八个行为实验探讨所有权对儿童学习效果的影响。具体而言，研究一通过两个实验（基于选择与基于分配方式获取的所有权）考察所有权对儿童学习效果的影响。以此为基础，研究二通过三个实验分别将儿童阶段的不同关系他人（母亲、朋友与老师）纳入，比较两种所有权获取方式下儿童学习效果的差异；研究三采用教学情境中常见的分配方式获取的所有权，通过三个实验分别探讨不同关系他人分配条件下不同所有权归属对儿童学习效果影响的差异。本研究总体研究框架如图 2 所示。

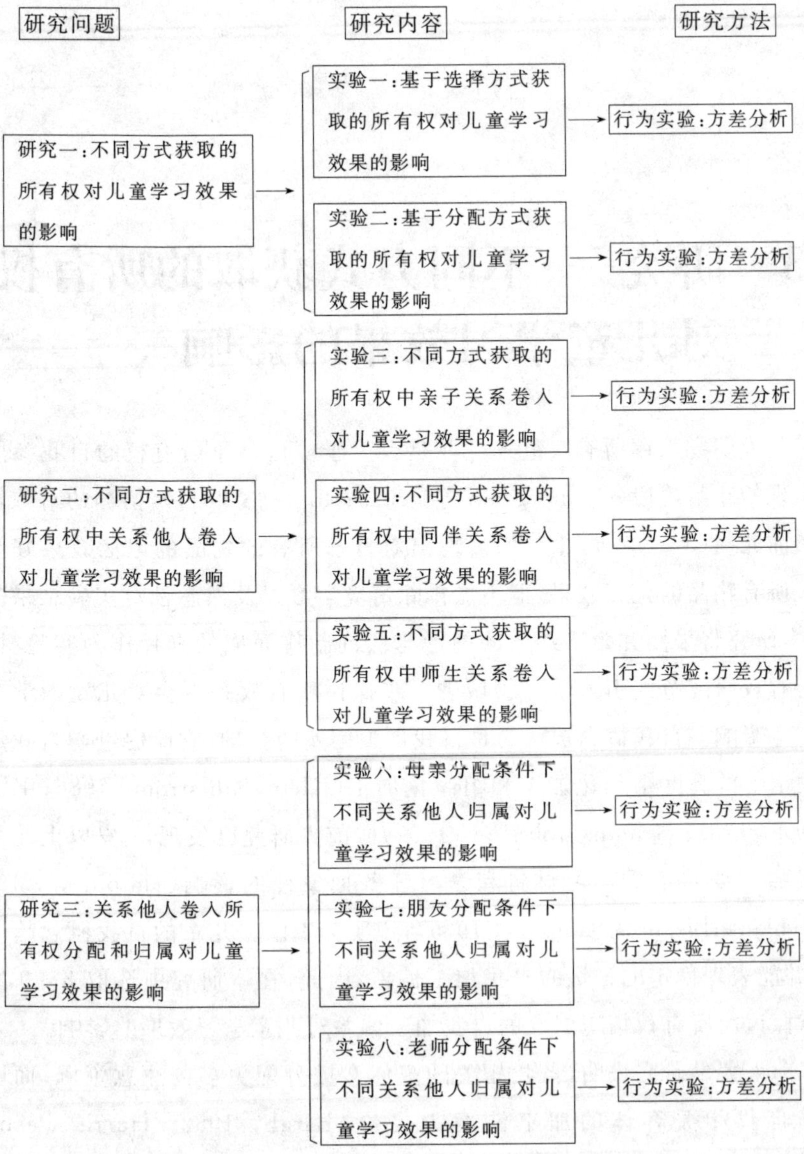

图 2 本研究总体研究框架图

3　研究一:不同方式获取的所有权对儿童学习效果的影响

前人研究采用所有权范式主要是致力于探讨基于所有权的自我参照效应出现的年龄阶段(Cunningham 等, 2013;Ross 等, 2011),招募的对象均为学龄前儿童(3～6 岁),儿童均表现出对自己所有的物品的记忆效果好于对他人所有物品的记忆效果,但不能排除情境学习以及熟悉性对实验结果的影响,本研究将采用儿童不熟悉的图形与假词制作而成的卡片作为实验材料,将所有权研究范式引入学习领域进一步探讨所有权是否会对儿童的学习成绩产生影响。自我概念被认为是自我加工偏差的基础,它能促进与自我加工相关记忆的高度精细化加工和组织化加工(Klein、Kihlstrom, 1986; Klein、Loftus, 1988; Symons、Johnson, 1997)。前人研究已发现,7 岁以上儿童的自我加工偏差不受学习材料和学习任务抽象性的影响(Halpin 等, 1984; Pullyblank、Bisanz、Champion, 1985),说明 7 岁以上儿童的自我概念趋于完整,并能表现稳定的记忆的自我加工偏差,因此,在本研究中选取 8～9 岁的儿童探讨由所有权情境引发的自我加工偏差对儿童学习效果的影响。

前人大量研究表明,自我相关的客体会被分配更多的注意资源,而以耗损非自我相关客体的加工深度为代价(Bargh, 1982; Harris、Pashler、Coburn, 2004; Röer、Bell、Buchner, 2013),由此可知,探究所有权对儿童学习效果的影响时控制条件显得尤其重要,主要是要确定相对于基线而言,自我归属类型下学习成绩的提高是否会以降低非自我归属类型下的学习成绩为代价。已有研究采用重复测量设计比较不同归属类型之间的差异减少了潜在的个体差异,但降低了组间比较的可靠性(Cunningham 等, 2018),尽管以无归属类型为组内比较基线,但这种设计不利于与非所有权游戏中被编码项目的记忆进行比较,因为教育游戏(所有权游戏)(Annetta、Publishers,2008)会提高儿童的参与度、激发更多的注意进而增强记忆效果(Connolly 等,2012;Miller 等,2011;Whitton、Moseley,2014)。综上所述,将所有权研究范式用于儿童学习过程中,考察其对儿童学习效果的影响时设置一个没有所有权操作的控制条件显得尤其重要,除了排除上述教育游戏本身对儿童学习效果的影响外,还可以探明自我归属类型下的学习成绩的提高是否以降低非自我归属类型下的学习成绩为代价,换言之,将所有权操作运用于儿童的学习过程中出现了明显的所有权效应时,将所有权各归属类型与作为基线的控制条件下的学习成绩进行比较,如果自我归属类型下的学习成绩显著高于控制组基线,他人归属类型下的学习成绩不显著低于控制组,以及无归属类型下的学习成绩与控制组无显著差异,那么就可以表明自我归属类型下的学习成绩的提高不以降低非自我归属类型下的学习成绩为代价,从而说明所有权运用于儿童的学习过程中可以有效地提高儿童的学习成绩。

研究一的主要任务是采用实验法考察基于选择方式获取的所有权与基于分配方式获取的所有权对儿童学习效果的影响。实验一主要探讨基于选择方式获取的所有权是否可以提高儿童的学习成绩,在实验中加入了基线控制条件与所有权操作条件进行比较,主要是为了考察基于选择方式获取的所有权下自我归属类型的学习成绩的提高不以降低非自我归属类型的学习成绩为代价,从而说明基于选择方式获取的所有权运用到儿童学习中能有效地提高儿童的学习成绩。实验二主要探讨基于分配方式获取的所有权是否可以提高儿童的学习成绩,在实验中同样还加入了基线控制条件与所有权操作条件进行比较,主要是为了考察基于分配方式获取的所有权下自我归属类型的学习成绩的提高不以降低非自我归属类型的学习成绩为代价,从而说明基于分配方式获取的所有权运用到儿童学习中能有效地提高儿童的学习成绩。

3.1 实验一:基于选择方式获取的所有权对儿童学习效果的影响

本研究的目的有三:第一,采用新异的学习材料探讨基于选择方式获取的所有权是否可以提高儿童的学习成绩;第二,加入控制条件(无所有权操作条件)作为基线与有所有权操作条件下三种归属类型进行比较,考察基于选择方式获取的所有权对儿童学习成绩的提高不以降低非自我归属类型下的学习成绩为代价,证明基于选择方式获取的所有权可以有效地运用于儿童学习中提高儿童的学习成绩;第三,探讨基于选择方式获取的所有权对儿童学习成绩的提高不受测试方式(回忆和再认)的影响。

3.1.1 研究假设

研究一假设1:在基于选择方式获取的所有权中所有权操作条件与归属类型之间的交互作用显著,无论测验的方式是自由回忆还是再认,对于有所有权操作条件下,自我归属类型下的学习成绩显著高于他人归属类型下的学习成绩以及无归属类型下的学习成绩,且他人归属类型下的学习成绩不显著低于无归属类型下的学习成绩;而对于控制条件(无所有权操作条件),左、中、右三种归属类型下的学习成绩则无显著差异。

研究一假设2:自我归属类型下的学习成绩显著高于控制条件(无所有权操作条件)下的学习成绩,他人归属类型下的学习成绩不显著低于控制条件下的学习成绩,无归属类型下的学习成绩与控制条件下的学习成绩无显著差异。

3.1.2 研究方法

3.1.2.1 实验设计

采用2[所有权操作条件:有,无(控制)]×3(归属类型:自我/左,他人/右,无/中)的两因素混合实验设计,其中所有权操作条件为组间变量,所有权归属类型为组内变量,因变量为被试的自由回忆成绩与再认成绩。

3.1.2.2 研究对象

采用随机整群抽样方法,选取湖北省孝感市某小学3年级儿童124名,平均年龄8.45岁,因变量为自由回忆条件下共64人,有所有权操作条件男生18名、女生15名;控制条件(无所有权操作)男生15名、女生16名。因变量为再认条件下共60人,有所有权操作条件男生17名、女生13名;控制条件(无所有权操作)男生14名、女生16名。

3.1.2.3 实验材料与工具

整个研究中所用的实验材料是由图形(见附录一)和假词标签构成(见附录二)的卡片,每张卡片均是图形在上,假词标签在下(如图 3 所示);使用的工具是认知负荷自评量表(见附录三),由于考虑到孩子对评分区分不明晰,采用 2 个项目的 3 点评分量表进行评定。该量表由对测试的难度(1,简单;2,一般;3,很难)与完成测试所需的努力程度(1,很少的努力;2,一般的努力;3,很大的努力)两个维度组成。

图形:30 张新异的图形,其中 9 张图形来自 Cunningham 等人(2018)的研究,另外 21 张图形按照 Cunningham 等人(2018)的研究标准选出(由一条线段绘制而成,并且不像日常生活中任何客体)。每张图形上标有一个假词的标签(例如"水月""在个""以美"等),组成词的两个汉字对于 8~9 岁儿童来说均是熟悉的。将 30 张图片分成 10 组,分别在不同的归属类型之间平衡,以及再认测验时在学习刺激与干扰刺激之间也需充分平衡。

标签:基于 Corpus Word POS list 现代汉语语料库分词类词频表,选择前 100 个高频汉字(均大于 100/百万) 作为构成新词的词素。选取不参加正式实验的 40 名三年级的小学生对所选汉字注音并组词。第三选择注音和组词均正确的 80 个汉字作为目标字,平均字频为 513/ 百万,平均笔画数为 5.65。将目标字两两组合成 30 个假词作为新词。通过如下方式保证假词"假"的程度(与真词不具有相似性):第一,所构造的假词在《现代汉语词典》中均未出现;第二,只呈现假词的正确注音, 要求不参加正式实验的 20 名小学生写出该注音构成的所有双字词;第三,选取 30 个注音均无法构成真词的假词作为实验材料。

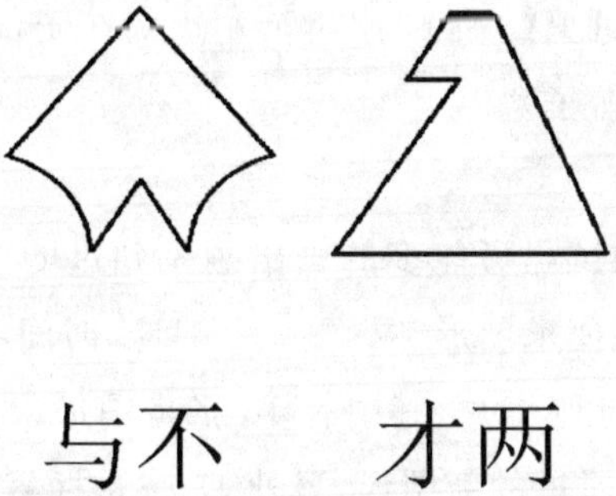

图 3 卡片示例

3.1.2.4 实验程序

学习阶段：

有所有权操作条件：被试面前有2个不同颜色篮子和9张卡片（面朝上），每一张都显示了一个新的图形和一个假词标签（例如"水月""在个""以美"等）。告知被试将玩一个包含9张卡片的游戏，并且要尽可能地记住这些卡片上的图形和标签，之后立马会有一个记忆测试。要求被试先为自己选择一个篮子，然后为主试选择一个篮子，并告诉被试给自己的和主试的篮子轮流选择卡片，为谁先选或后选的顺序在实验过程中充分平衡。每张被选择的卡片都必须正面朝上放在各自的篮子内，一旦每个篮子里有3张卡片，主试就会大声念出他自己的、被试的和那些留在桌子上卡片的标签（参与者之间的顺序平衡），即确认归属情况（例如，指着卡片说：你的/我的篮子里面/留在桌子上的卡片是"水月""在个""以美"）。接着主试将9张卡片的归属情况写在一张纸上（3张卡片属于被试的，3张属于主试的，还有3张是留在桌子上的）。

控制条件（无所有权操作条件）：被试面前有3个不同颜色篮子和9张卡片（面朝上），每一张都显示了一个新的图形和一个假词标签（例如"水月""在个""以美"等）。告诉被试将玩一个包含9张卡片的游戏，并要求他们尽可能地记住这些卡片上图形和标签，之后立马会有一个记忆测试。主试按先后顺序轮流为桌子上左、中、右3个篮子选择卡片，儿童只观看整个过程。一旦每个篮子里面有了3张卡片，主试就会大声念出每个篮子内卡片的标签（参与者之间的顺序平衡），即确认控制条件归属情况（例如，指着图片说：左边/右边/中间这个篮子中的卡片是"水月""在个""以美"）。最后，主试将9张卡片的归属情况写在一张纸上（3张卡片属于左边的篮子，3张属于右边的篮子，还有3张属于中间的篮子）。

测试阶段：

自由回忆：要求被试尽可能多的画出刚见到过的图形，同时写出刚才能记住的标签（假词），不要求图形和标签一一对应，时间不得超过5分钟。

再认：主试拿出36张卡片，其中有18张是图形卡片，9张是学习阶段已学习过，9张是没有学习过的新图形；另外18张是标签卡片，9张是学习阶段已学习过，9张是没有学习过的新标签。这些卡片由实验者一张一张呈现给被试，被试只需报告是否在学习阶段见过。

测试阶段完成以后，被试需要完成关于测试过程中认知负荷的主观评定。为了排除有所有权操作条件与控制条件（无所有权操作条件）下认知负荷对儿童学习成绩的影响，比较了不同测量指标下两种所有权操作条件下被试认知负荷得分是否存在差异，结果发现，以自由回忆成绩为因变量指标时，有所有权操作条件与控制条件在认知负荷的主观评定上（$M_{实验}=5.723$，$SD=0.452$；$M_{控制}=5.742$，$SD=0.445$）得分差异不显著，$t(62)=-0.131$，$p>0.05$；以再认成绩为因变量指标时，有所有权条件与控制条件在认知负荷的主观评定上（$M_{实验}=2.500$，$SD=0.509$；$M_{控制}=2.533$，$SD=0.507$）的得分差异也不显著，$t(58)=-0.254$，$p>0.05$。

3.1.3　实验结果

3.1.3.1　基于选择方式获取的所有权对儿童自由回忆成绩的影响

两组被试自由回忆成绩的平均分和标准差见表1。

表1　基于选择方式获取的所有权下两组被试自由回忆率的描述统计（$M\pm SD$）

	有所有权操作条件			控制条件（无所有权操作）		
	自我	他人	无	左	右	中
总的自由回忆率	0.283±0.031	0.192±0.026	0.081±0.020	0.091±0.032	0.097±0.027	0.124±0.021
标签的自由回忆率	0.303±0.040	0.232±0.043	0.071±0.027	0.097±0.041	0.108±0.044	0.140±0.027
图形的自由回忆率	0.263±0.037	0.152±0.040	0.091±0.030	0.054±0.039	0.086±0.042	0.140±0.031

以总的自由回忆率、标签的自由回忆率和图形的自由回忆率为因变量，所有权操作条件与归属类型为自变量进行重复测量方差分析，结果如表2所示。由结果可知，在总的自由回忆率上，所有权操作条件与归属类型的主效应均显著，两者的交互作用也显著；在标签的自由回忆率上，所有权操作条件与归属类型的主效应均显著，两者的交互作用也显著；在图形的自由回忆率上，所有权操作条件的主效应显著，归属类型的主效应不显著，两者的交互作用显著。

表 2　选择方式获取的所有权以自由回忆率为因变量进行方差分析的结果

因变量	变异来源	SS	df	MS	F	p	η_p^2	1−β
总的自由回忆率	所有权操作条件	0.317	1	0.317	12.859	0.001	0.172	0.942
	归属类型	0.230	2	0.115	5.373	0.006	0.080	0.834
	所有权操作条件×归属类型	0.443	2	0.222	10.341	0.001	0.143	0.986
标签的自由回忆率	所有权操作条件	0.366	1	0.366	10.577	0.002	0.146	0.893
	归属类型	0.299	2	0.150	2.949	0.056	0.045	0.565
	所有权操作条件×归属类型	0.640	2	0.320	6.302	0.002	0.092	0.891
图形的自由回忆率	所有权操作条件	0.271	1	0.271	3.963	0.051	0.060	0.500
	归属类型	0.073	2	0.036	1.198	0.305	0.019	0.258
	所有权操作条件×归属类型	0.533	2	0.267	8.808	0.001	0.124	0.968

对三组交互作用进行简单效应分析，以总的自由回忆率为因变量的结果分析发现（如图 4 所示），在有所有权操作条件下三种归属类型总的自由回忆

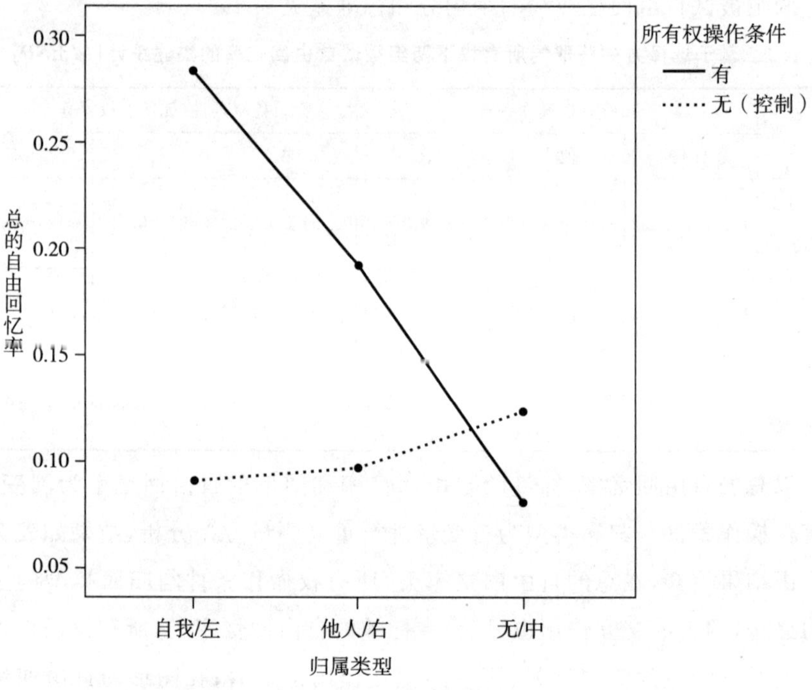

图 4　选择方式获取的所有权中所有权操作条件与归属类型上总的自由回忆率的交互作用

成绩差异显著,$F(2,98)=15.760, p<0.001$,自我归属类型下总的自由回忆成绩边缘显著高于他人归属类型[$t(32)=1.888, p=0.068$]与无归属类型[$t(32)=5.384, p<0.001$]下总的自由回忆成绩,他人归属类型下总的自由回忆成绩显著高于无归属类型下总的自由回忆成绩[$t(32)=3.870, p<0.001$];控制条件(无所有权操作条件)在三种归属类型下总的自由回忆成绩差异不显著,$F(2,98)=0.430, p>0.05$。鉴于本研究的研究目的,将有所有权操作条件下三种归属类型的总的自由回忆成绩分别与控制条件的基线进行比较,结果发现:自我归属类型下总的自由回忆成绩显著高于控制条件下总的自由回忆成绩,$F(1,62)=18.510, p<0.001$;他人归属类型下总的自由回忆成绩显著高于控制条件下总的自由回忆成绩,$F(1,62)=6.490, p<0.05$;无归属类型下总的自由回忆成绩与控制条件下总的自由回忆成绩无显著差异,$F(1,62)=2.170, p>0.05$。

对因变量为标签的自由回忆率的简单效应结果分析发现(如图5所示),

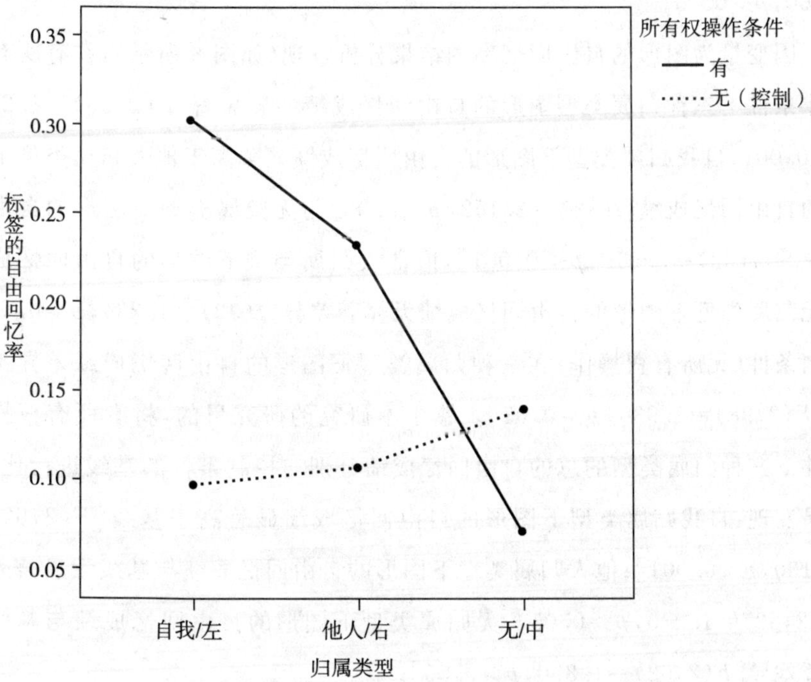

图5 选择方式获取的所有权中所有权操作条件与归属类型上标签的自由回忆率的交互作用

在有所有权条件下三种归属类型标签的自由回忆成绩差异显著，$F(2,98)=9.220$，$p<0.001$，自我归属类型下标签的自由回忆成绩与他人归属类型下标签的自由回忆成绩无显著差异[$t(32)=0.865$，$p>0.05$]，但自我归属类型下标签的自由回忆成绩显著高于无归属类型下标签的自由回忆成绩[$t(32)=4.946$，$p<0.001$]，他人归属类型下标签的自由回忆成绩也显著高于无归属下条件标签的自由回忆成绩[$t(32)=3.076$，$p<0.005$]；控制条件（无所有权操作）在三种归属类型下标签的自由回忆成绩差异不显著，$F(2,98)=0.310$，$p>0.05$。鉴于本研究的研究目的，将有所有权操作条件下三种归属类型的标签的自由回忆成绩分别与控制条件的基线进行比较，结果发现：自我归属类型下标签的自由回忆成绩显著高于基线，$F(1,62)=13.030$，$p=0.001$；他人归属类型下标签的自由回忆成绩显著高于基线，$F(1,62)=4.120$，$p<0.05$；无归属类型下标签的自由回忆成绩与基线无显著差异，$F(1,62)=3.260$，$p>0.05$。

因变量为图形的自由回忆率的结果分析发现（如图 6 所示），在有所有权操作条件下三种归属类型图形的自由回忆成绩差异显著，$F(2,98)=8.270$，$p<0.001$，自我归属类型下图形的自由回忆成绩显著高于他人归属类型下图形的自由回忆成绩[$t(32)=2.152$，$p<0.05$]与无归属类型下图形的自由回忆成绩[$t(32)=3.919$，$p<0.001$]，但他人归属类型下图形的自由回忆成绩与无归属类型下图形的自由回忆成绩无显著差异[$t(32)=1.234$，$p>0.05$]；控制条件（无所有权操作）在三种归属类型下图形的自由回忆成绩差异不显著[$F(2,98)=1.930$，$p>0.05$]。鉴于本研究的研究目的，将有所有权操作条件下三种归属类型的总的自由回忆成绩分别与控制条件的基线进行比较，结果发现：自我归属类型下图形的自由回忆成绩显著高于基线[$F(2,62)=15.130$，$p<0.001$]；他人归属类型下图形的自由回忆成绩与基线无显著差异[$F(2,62)=1.270$，$p>0.05$]；无归属类型下图形的自由回忆成绩与基线无显著差异[$F(2,62)=1.320$，$p>0.05$]。

3.1.3.2 基于选择方式获取的所有权对儿童再认成绩的影响

两组被试再认成绩的平均分和标准差见表 3。

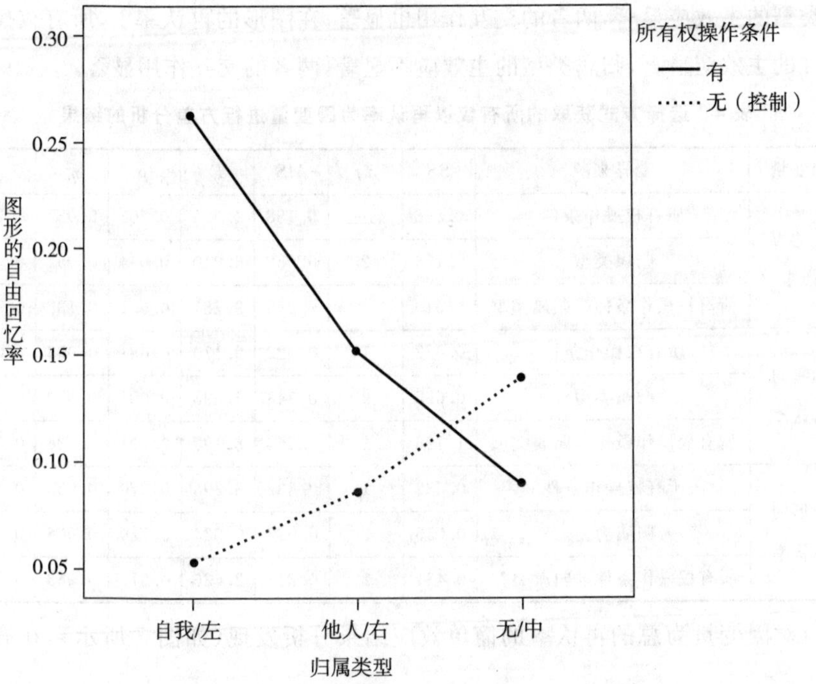

图 6　选择方式获取的所有权中所有权操作条件与归属类型上图形的自由回忆率的交互作用

表 3　基于选择方式获取的所有权下两组被试在再认率上的描述统计(*M*±*SD*)

	有所有权操作条件			控制条件(无所有权操作)		
	自我	他人	无	左	右	中
总的再认率	0.750±0.044	0.650±0.040	0.550±0.039	0.578±0.044	0.561±0.040	0.633±0.039
标签的再认率	0.878±0.047	0.744±0.063	0.556±0.052	0.722±0.047	0.633±0.063	0.756±0.052
图形的再认率	0.689±0.074	0.556±0.052	0.544±0.059	0.433±0.074	0.489±0.052	0.511±0.059

以总的再认率、标签的再认率和图形的再认率为因变量，所有权操作条件与归属类型为自变量进行重复测量方差分析，结果如表 4 所示。由结果可知，在总的再认率上，所有权操作条件的主效应不显著，归属类型的主效应显著，两者的交互作用也显著；在标签的再认率上，所有权操作条件的主效应不显著，归

属类型的主效应显著,两者的交互作用也显著;在图形的再认率上,所有权操作条件的主效应显著,归属类型的主效应不显著,两者的交互作用显著。

表 4　选择方式获取的所有权以再认率为因变量进行方差分析的结果

因变量	变异来源	SS	df	MS	F	p	η_p^2	$1-\beta$
总的再认率	所有权操作条件	0.158	1	0.158	1.625	0.208	0.027	0.241
	归属类型	0.176	2	0.088	3.210	0.044	0.052	0.603
	所有权操作条件×归属类型	0.510	2	0.255	9.281	0.001	0.138	0.975
标签的再认率	所有权操作条件	0.022	1	0.022	0.170	0.681	0.003	0.069
	归属类型	0.686	2	0.343	4.998	0.008	0.079	0.805
	所有权操作条件×归属类型	1.126	2	0.563	8.198	0.001	0.124	0.956
图形的再认率	所有权操作条件	0.632	1	0.632	3.398	0.070	0.055	0.442
	归属类型	0.053	2	0.027	0.324	0.724	0.006	0.098
	所有权操作条件×归属类型	0.431	2	0.215	2.626	0.077	0.043	0.514

对因变量为总的再认率的简单效应结果分析发现(如图 7 所示),在有所

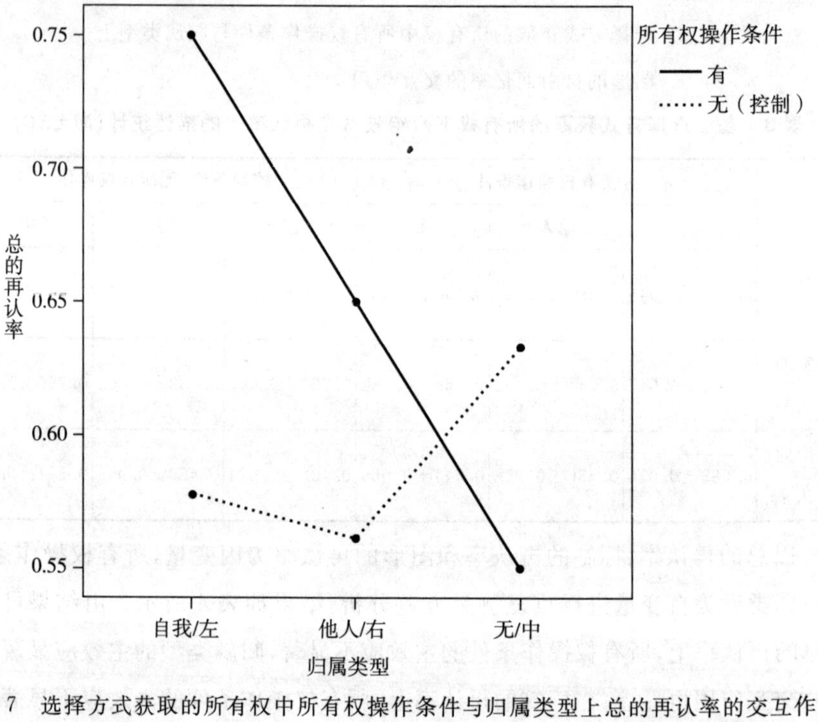

图 7　选择方式获取的所有权中所有权操作条件与归属类型上总的再认率的交互作用

有权操作条件下三种归属类型总的再认成绩差异显著，$F(2,116)=10.930$，$p<0.001$，自我归属类型下总的再认成绩显著高于他人归属类型下总的再认成绩[$t(29)=2.382$，$p<0.05$]和无归属类型下总的再认成绩[$t(29)=4.039$，$p<0.001$]，他人归属类型下总的再认成绩也显著高于无归属类型下总的再认成绩[$t(29)=1.989$，$p=0.056$]；控制条件（无所有权操作条件）在三种归属类型下总的再认成绩差异不显著，$F(2,116)=1.560$，$p>0.05$。鉴于本研究的研究目的，将有所有权操作条件下三种归属类型的总的再认成绩分别与控制条件的基线进行比较，结果发现，自我归属类型下总的再认成绩显著高于基线[$F(1,58)=7.550$，$p<0.05$]；他人归属类型下总的再认成绩与基线无显著差异[$F(1,58)=2.480$，$p>0.05$]；无归属类型下总的再认成绩与基线无显著差异[$F(1,58)=2.290$，$p>0.05$]。

对因变量为标签的再认率的简单效应结果分析发现（如图 8 所示），在有所有权操作条件下三种归属类型标签的再认成绩差异显著，$F(2,116)=11.450$，$p<0.001$，自我归属类型下标签的再认成绩与他人归属类型下标签

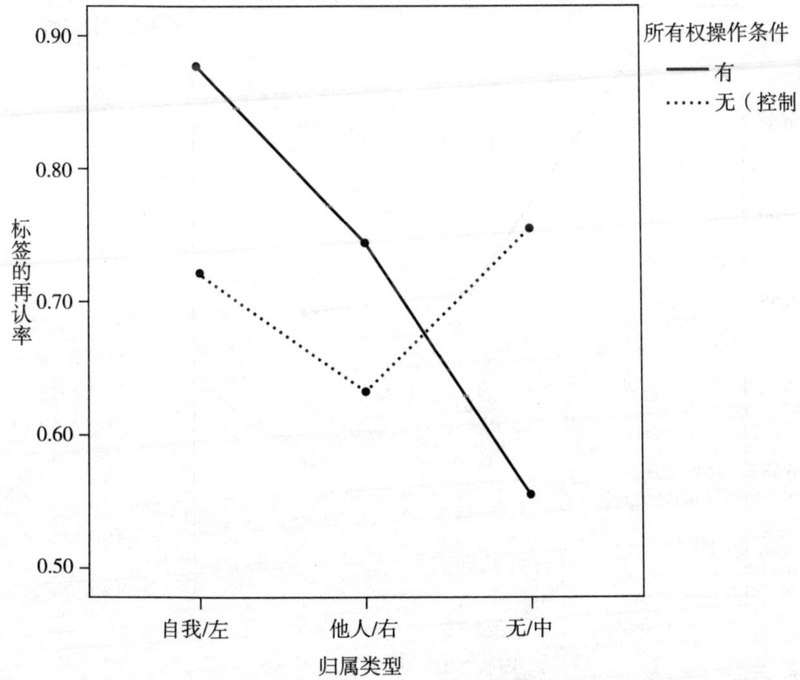

图 8　选择方式获取的所有权中所有权操作条件与归属类型上标签的再认率的交互作用

的再认成绩无显著差异[$t(29)=1.649, p>0.05$]，但自我归属类型下标签的再认成绩显著高于无归属类型下标签的再认成绩[$t(29)=5.124, p<0.001$]，他人归属类型下标签的再认成绩也显著高于无归属类型下标签的再认成绩[$t(29)=2.538, p<0.05$]；控制条件(无所有权操作条件)在三种归属类型下标签的再认成绩差异不显著，$F(2,116)=1.740, p>0.05$。鉴于本研究的研究目的，将有所有权操作条件下三种归属类型的标签的再认成绩分别与控制条件的基线进行比较，结果发现：自我归属类型下标签的再认成绩显著高于控制条件[$F(1,58)=5.390, p<0.05$]；他人归属类型下标签的再认成绩与控制条件无显著差异[$F(1,58)=1.560, p>0.05$]；控制条件的标签的再认成绩显著高于无归属类型下标签的再认率[$F(1,58)=7.360, p<0.05$]。

因变量为图形的再认率的交互作用结果分析发现(如图 9 所示)，在有所有权操作条件下三种归属类型图形的再认率成绩差异显著，$F(2,116)=2.360, p=0.099$，自我归属类型下图形的再认成绩显著高于他人归属类型

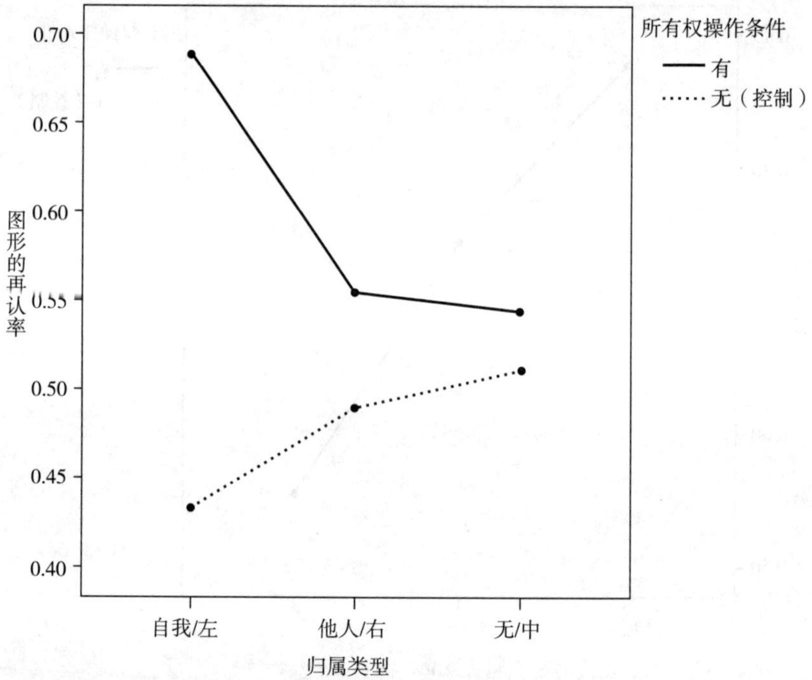

图 9　选择方式获取的所有权中所有权操作条件与归属类型上图形的再认率的交互作用

下图形的再认成绩[$t(29)=1.838$，$p=0.076$]与无归属类型下图形的再认成绩[$t(29)=1.913$，$p<0.05$]，但他人归属类型下图形的再认成绩与无归属类型下图形的再认成绩无显著差异[$t(29)=0.162$，$p>0.05$]；控制条件（无所有权操作条件）在三种归属类型下图形的再认成绩差异不显著，$F(2,116)=0.590$，$p>0.05$。鉴于本研究的研究目的，将有所有权操作条件下三种归属类型的图形的再认率成绩分别与控制条件的基线进行比较，结果发现：自我归属类型下图形的再认成绩显著高于基线[$F(1,58)=5.930$，$p<0.05$]；他人归属类型下图形的再认成绩与基线无显著差异[$F(1,58)=0.830$，$p>0.05$]；无归属类型下图形的再认成绩与基线无显著差异[$F(1,58)=0.160$，$p>0.05$]。

3.1.4　讨论

实验一基于选择的所有权形式下以自由回忆率为因变量指标，由结果发现，以总的自由回忆率为因变量，对于有所有权操作条件来说，其自我归属类型下总的自由回忆成绩显著高于他人归属类型下总的自由回忆成绩与无归属类型下总的自由回忆成绩，他人归属类型下总的自由回忆成绩显著高于无归属类型下总的自回忆成绩，均表现出记忆的所有权效应（Cunningham 等，2008；Cunningham 等，2011；Van 等，2010），支持了研究一假设 1，同时也验证了前人的研究（Cunningham 等，2018）；以标签的自由回忆率为因变量发现，自我归属类型下标签的自由回忆成绩与他人归属类型下标签的自由回忆成绩无显著差异，二者均高于无归属类型下标签的自由回忆成绩，与前人的研究（Cunningham 等，2018）不一致，但仍表现出记忆的所有权效应（Cunningham 等，2008；Cunningham 等，2011；Van 等，2010）；以图形的自由回忆成绩为因变量，发现自我归属类型下图形的自由回忆成绩显著高于他人归属类型下以及无归属类型下图形的自由回忆成绩，而他人归属类型下和无归属类型下图形的自由回忆成绩无显著差异，表现出记忆的所有权效应（Cunningham 等，2008；Cunningham 等，2011；Van 等，2010），验证了前人的研究（Cunningham 等，2018）。整体来看，以自由回忆成绩为因变量指标表明基于选择方式获取的所有权有提利于提高儿童的学习成绩。但与前人研究所不同的是实验一中加入了作为基线的控制条件，结果发现控制条件三种归属下的自由回忆成绩差异不显著，将有所有权操作条件下三种归属类型的学习成绩分别与控制条件作为基线进行比较发现，无论是以总的自由回忆成绩、标签的自由回忆成绩，还是图形的自由回忆成绩为因变量指标，自我归属类型下的学习成绩均显著高于控制条件下的学习成绩，他人归属类型下的学习成绩不显著低于控制条件下的学习成绩（即他人归属类型下的学习成绩要么高于控制条件下的学习成绩，要么与控制条件下的学习成绩无显著差异），以及无归属类型下的学习成绩与控制条件下的学习成绩无显著差异，这一结果支持了研究一假设 2，说明自我归属类型下所有权对儿童学习成绩的提高不以降低非自我归属类型下的学习成绩为代价，从而证实了基于选择方式获取的所有权能有效地提高儿童的自由回忆成绩。

实验一将前人研究从以自由回忆成绩为因变量扩展到以再认成绩为因变量指标，结果发现，以总的再认率为因变量，对于有所有权操作条件来说，其自我归属类型下总的再认成绩显著高于他人归属类型下总的再认成绩与无归属类型下总的再认成绩，他人归属类型下总的再认成绩显著高于无归属类型下总的再认成绩，均表现出记忆的所有权效应（Cunningham 等，2008；Cunningham 等，2011；Van 等，2010），支持了研究一假设 1，同时也验证了前人的研究（Cunningham 等，2018）；以标签的再认率为因变量，发现自我归属类型下标签的再认成绩与他人归属类型下标签的再认成绩无显著差异，二者均高于无归属类型下标签的再认成绩，与前人的研究（Cunningham 等，2018）结果不一致，但仍表现出记忆的所有权效应（Cunningham 等，2008；Cunningham 等，2011；Van 等，2010）；以图形的再认成绩为因变量，发现自我归属类型下图形的再认成绩显著高于他人归属类型下以及无归属类型下图形的再认成绩，而他人归属类型下和无归属类型下图形的再认成绩无显著差异，与自由回忆率为因变量指标时基本一致均表现出记忆的所有权效应（Cunningham 等，2008；Cunningham 等，2011；Van 等，2010），验证了前人的研究（Cunningham 等，2018）。整体来看，以再认成绩为因变量指标表明基于选择方式获取的所有权有提利于提高儿童的学习成绩。作为基线的控制条件的三种归属类型下的再认成绩无显著差异，将控制条件作为基线与有所有权条件的三种所有权条件进行对比，以总的再认成绩与图形的再认成绩为因变量指标发现，自我归属类型下的再认成绩显著高于控制条件，而他人归属与无归属类型下的再认成绩与控制条件无显著差异,支持了研究一假设 2,说明自我归属的所有权教学情境能提高儿童的学习成绩,并且这种优势不以降低非自我归属类型下的学习成绩为代价,以总的再认成绩与图形的再认成绩为因变量指标证实了基于选择方式获取的所有权可以有效地提高儿童的学习成绩。然而,以标签为因变量指标时发现,自我归属类型下的学习成绩显著高于控制条件,他人归属条件下学习成绩与控制条件无显著差异,而无归属类型下的学习成绩显著低于控制条件,对此,笔者认为,由于标签的数量偏少(每种归属类型下均只有 3 个)以及作为标签的实验材料是由两个常见汉字组成的假词,而学习阶段与再认阶段作为实验材料的假词的两个汉字互不重叠,在学习阶段只要记住假词中的一个汉字就可能迁移到再认阶段,可能对标签的再认成绩产生了影响。在本实验中,标签与图形作为实验材料时数量上偏少,以及上述以假词标签作为实验材料在学习阶段与再认阶段会受迁移效应的影响等,使以两者为因变量指标时实验结果可能存在不稳定性。因此,为了使实验结果更具有生态效度,本研究所有实验中结论的获得主要参照总的自由回忆成绩与再认成绩,未来再进一步探究所有权对不同类型学习材料(如词语与图形)的学习成绩的影响。

实验一以自由回忆成绩和再认成绩为因变量,采用新异的刺激作为实验材料将所有权研究范式从记忆领域引入学习领域,同样出现了所有权效应的学习优势,证明了基于选择的所有权形式对儿童学习效果的提高不受测试方式(回忆和再认)的影响,进一步扩展了前人的研究(Turk 等, 2015; Cunningham 等, 2018),自我选择的背景加深了自我与学习材料之间的关联的编码程度,因而这些学习材料更容易被感知为是与自我相关的。此外,从整体来看,将有所有权操作的三种归属条件与控制组(无所有权操作)的基线进行比较,无论是以自由回忆成绩还是再认成绩为因变量指标均发现,自我归属类型下的学习成绩的提高不以降低非自我归属类型下的学习成绩为代价,说明在基于选择方式获取的所有权下所有权能有效地提高儿童的学习成绩,其深层的原因也可能是,在自我选择的过程中,激发了主体更多的主动性,主动性能激发更多的自我功能(李占星、朱莉琪,2017),因而会更多地对与自我相关的项目进行编码从而提高自我相关信息的学习效率,并不是不以降低非自我相关信息的学习效率为前提,说明基于选择的所有权形式可以有效地运用于儿童学习中提高儿童的学习成绩。

3.1.5 研究结论

无论是以自由回忆成绩还是以再认成绩为因变量，基于选择方式获取的所有权都能提高儿童的学习成绩；与控制条件进行比较发现，自我归属类型下学习成绩的提高不以降低非自我归属类型下的学习成绩为代价。

3.2 实验二：基于分配方式获取的所有权对儿童学习效果的影响

本研究的目的有三：第一，采用新异的学习材料探讨基于分配方式获取的所有权是否可以提高儿童的学习成绩；第二，加入控制（无所有权操作）条件作为基线与有所有权操作条件下三种归属类型进行比较，考察基于分配方式获取的所有权中自我归属类型对儿童学习效果的提高不以降低非自我归属类型下的学习效果为代价，证明基于分配方式获取的所有权可以有效地运用于儿童学习中提高儿童的学习成绩；第三，探讨基于分配方式获取的所有权对儿童学习成绩的提高不受测试方式（回忆和再认）的影响。

3.2.1 研究假设

研究一假设 3：在基于分配方式获取的所有权中所有权操作条件与归属类型之间的交互作用显著，无论测验的方式是自由回忆还是再认，对于有所有权操作条件下，自我归属类型下的学习成绩显著高于他人归属类型下的学习成绩以及无归属类型下的学习成绩，且他人归属类型下的学习成绩不显著低于无归属类型下的学习成绩；而对于控制条件（无所有权操作条件），左、中、右三种归属类型下的学习成绩则无显著差异。

研究一假设 4：自我归属类型下的学习成绩显著高于控制条件（无所有权操作条件）下的学习成绩，他人归属类型下的学习成绩不显著低于控制条件下的学习成绩，无归属类型下的学习成绩与控制条件下的学习成绩无显著差异。

3.2.2 研究方法

3.2.2.1 实验设计

采用2[所有权操作条件:有,无(控制)]×3(归属类型:自我/左,他人/右,无/中)二因素混合实验设计,其中所有权操作条件为组间变量,归属类型为组内变量,因变量为被试的自由回忆成绩与再认成绩。

3.2.2.2 研究对象

采用随机整群抽样方法,选取湖北省孝感市某小学3年级儿童107名,平均年龄为8.34岁,以自由回忆成绩为因变量条件下共55人,有所有权操作条件下男生14名、女生15名;控制条件(无所有权操作)下男生12名、女生14名;对于因变量为再认条件下共52人,有所有权操作条件下男生14名、女生13名;控制条件(无所有权操作)下男生12名、女生13名。

3.2.2.3 实验材料与工具

同实验一。

3.2.2.4 实验程序

学习阶段:

有所有权操作条件:被试面前有2个不同颜色篮子(红色与绿色)和9张卡片(正面朝上),每一张卡片上都显示了一个新的图形和一个假词标签(例如"水月""在个""以美"等)。告诉被试他们将玩一个包含9张卡片的游戏,卡片被分成3组,每一组的3张卡片上标有红色标记、绿色标记或者没有颜色标记。指导语要求被试在卡片与篮子颜色匹配的基础上将相应卡片分配到相应颜色的篮子中,例如,具有红色标记的卡片将分配给拥有红色的篮子的人,具有绿色标记的卡片将分配给拥有绿色篮子的人,没有颜色标记的卡片不属于任何人。之后实验者将事先分配好的篮子归属情况告诉被试,并要求他们尽可能多地记住卡片上的图形与标签,随后会进行记忆测试。在这个实验中,被试总是站在实验者的左边,因此,他们自己拥有的篮子在左边,实验者拥有篮子在右边。卡片、归属以及颜色三者在参与者之间两两均被充分平衡。

控制条件(无所有权操作):被试面前有3个不同颜色的篮子(红色、绿色和黄色)和9张卡片(正面朝上),每一张卡片都显示了一个新的图形和一个假词标签(例如“水月”“在个”“以美”等),告诉被试他们将玩一个包含 9 张卡片的游戏,卡片被分成 3 组,每一组的 3 张卡片上标有红色标记、绿色标记或者黄色标记。在游戏中被试必须把 9 张卡片根据卡片上的颜色标记依次分配到他们面前的 3 种不同颜色的篮子中,并且尽可能多地记住卡片上的图形与标签,后续会进行记忆测试。不同颜色篮子的位置(左边、中间和右边)在被试之间均被平衡。

测试阶段:同实验一。

测试阶段完成以后,被试需要完成关于测试过程中认知负荷的主观评定。为了排除有所有权操作条件与控制条件(无所有权操作条件)下认知负荷对儿童学习成绩的影响,比较了不同测量指标下两组被试认知负荷得分的差异,结果发现对于自由回忆条件下有所有权操作条件与控制条件在认知负荷的主观评定上($M_{实验}=5.483$, $SD=0.509$; $M_{控制}=5.577$, $SD=0.643$)差异不显著,$t(53)=-0.605$, $p>0.05$;对于再认条件下有所有权操作条件与控制条件在认知负荷的主观评定上($M_{实验}=2.630$, $SD=0.492$; $M_{控制}=2.480$, $SD=0.510$)差异也不显著,$t(50)=1.077$, $p>0.05$。

3.2.3 实验结果

3.2.3.1 基于分配方式获取的所有权对儿童自由回忆成绩的影响

两组被试自由回忆成绩的平均分和标准差见表 5。

表 5 基于分配方式获取的所有权下两组被试自由回忆率的描述统计($M\pm SD$)

	有所有权操作条件			控制条件(无所有权操作)		
	自我	他人	无	左	右	中
总的自由回忆率	0.310±0.032	0.144±0.031	0.075±0.020	0.148±0.034	0.161±0.033	0.083±0.021
标签的自由回忆率	0.391±0.040	0.207±0.041	0.126±0.033	0.154±0.043	0.154±0.043	0.77±0.035
图形的自由回忆率	0.195±0.040	0.080±0.032	0.023±0.028	0.077±0.042	0.090±0.034	0.90±0.030

以总的自由回忆率、标签的自由回忆率和图形的自由回忆率为因变量,所有权操作条件与归属类型为自变量进行重复测量方差分析,结果如表 6 所

示。由结果可知,在总的自由回忆率上,所有权操作条件和归属类型的主效应均显著,两者的交互作用也显著;在标签的自由回忆率上,所有权操作条件和归属类型的主效应均显著,两者的交互作用也显著;在图形的自由回忆率上,所有权操作条件的主效应不显著,归属类型的主效应显著,两者的交互作用也显著。

表 6 分配方式获取的所有权以自由回忆率为因变量进行方差分析的结果

因变量	变异来源	SS	df	MS	F	p	η_p^2	$1-\beta$
总的自由回忆率	所有权操作条件	0.086	1	0.086	8.421	0.005	0.137	0.813
	归属类型	0.617	2	0.308	10.206	0.001	0.161	0.985
	所有权操作条件×归属类型	0.282	2	0.141	4.661	0.011	0.081	0.774
标签的自由回忆率	所有权操作条件	0.526	1	0.526	15.172	0.001	0.223	0.969
	归属类型	0.800	2	0.400	8.498	0.001	0.138	0.962
	所有权操作条件×归属类型	0.316	2	0.158	3.355	0.039	0.060	0.623
图形的自由回忆率	所有权操作条件	0.008	1	0.008	0.210	0.648	0.004	0.074
	归属类型	0.180	2	0.090	2.990	0.055	0.053	0.258
	所有权操作条件×归属类型	0.246	2	0.123	4.808	0.019	0.072	0.715

对三组交互作用进行简单效应分析,对因变量为总的自由回忆率的结果分析发现(如图 10 所示),在有所有权操作条件下三种归属类型总的自由回忆成绩差异显著,$F(2,106)=14.080$,$p<0.001$,自我归属类型下总的自由回忆成绩显著高于他人归属类型下总的自由回忆成绩[$t(28)=3.952$,$p<0.001$]与无归属类型下总的自由回忆成绩[$t(28)=5.753$,$p<0.001$],他人归属类型下总的自由回忆成绩显著高于无归属类型下总的自由回忆成绩[$t(28)=2.457$,$p<0.05$]。控制条件(无所有权操作)在三种归属类型下总的自由回忆成绩差异不显著,$F(2,106)=1.470$,$p>0.05$。鉴于本研究的研究目的,将有所有权操作条件下三种归属类型的总的自由回忆成绩分别与控制条件的基线进行比较,结果发现,自我归属类型下总的自由回忆成绩显著高于基线[$F(1,53)=11.860$,$p<0.005$],他人归属类型下总的自由回忆成绩与基线无显著差异[$F(1,53)=0.140$,$p>0.05$],无归属类型下总的自由回忆成绩与基线也无显著差异[$F(1,53)=0.090$,$p>0.05$]。

对因变量为标签的自由回忆率的简单效应结果分析发现(如图 11 所

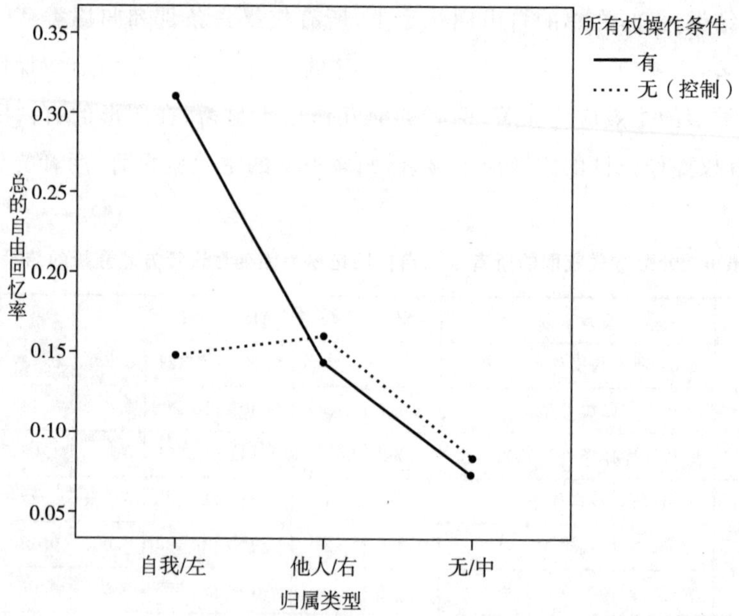

图 10　分配方式获取的所有权中所有权操作条件与归属类型上总的自由回忆率的交互作用

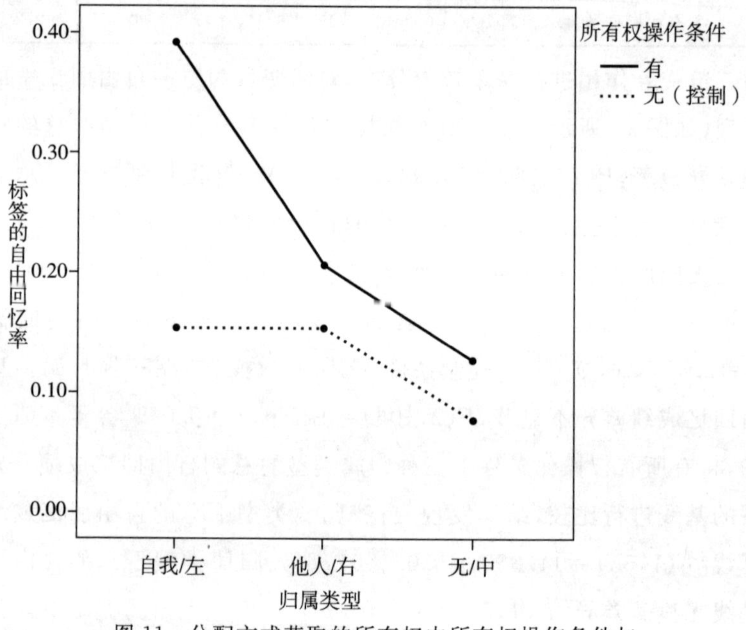

图 11　分配方式获取的所有权中所有权操作条件与归属类型上标签的自由回忆率的交互作用

示),在有所有权操作条件下三种归属类型标签的自由回忆成绩差异显著,$F(2,106)=11.320$,$p<0.001$,自我归属类型下标签的自由回忆成绩显著高于他人归属类型[$t(28)=2.816$,$p<0.05$]和无归属类型[$t(28)=4.369$,$p<0.001$]下标签的自由回忆成绩,他人归属类型下标签的自由回忆成绩显著高于无归属类型下标签的自由回忆成绩[$t(28)=2.045$,$p=0.05$];控制条件(无所有权操作)在三种归属类型下标签的自由回忆成绩差异不显著,$F(2,106)=1.100$,$p>0.05$。鉴于本研究的研究目的,将有所有权操作条件下三种归属类型的标签的自由回忆成绩分别与控制条件的基线进行比较,结果发现,自我归属类型下标签的自由回忆成绩显著高于基线[$F(1,53)=16.250$,$p<0.001$],他人归属类型下标签的自由回忆成绩与基线无显著差异[$F(1,53)=0.780$,$p>0.05$],无归属类型下标签的自由回忆成绩与基线无显著差异[$F(1,53)=1.040$,$p>0.05$]。

因变量为图形的自由回忆率的简单效应结果分析发现(如图 12 所示),在有所有权操作条件下三种归属类型图形的自由回忆成绩差异显著,$F(2,$

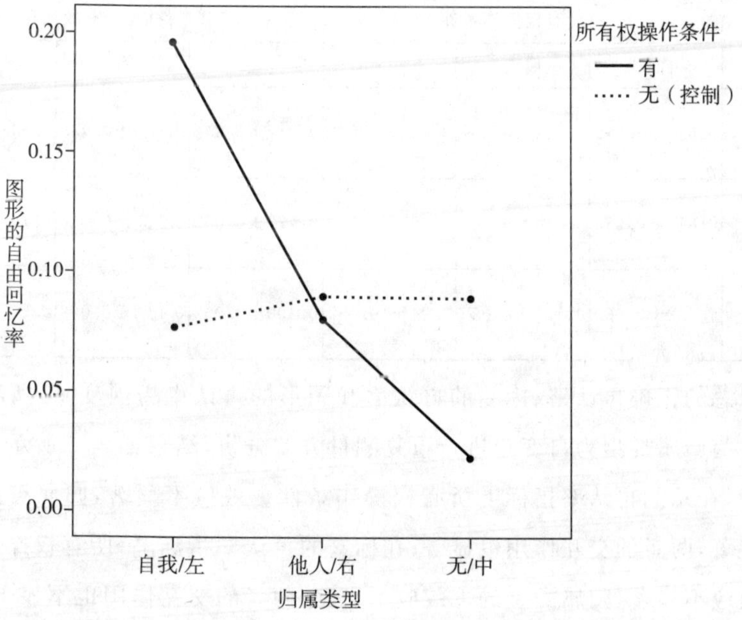

图 12　分配方式获取的所有权中所有权操作条件与归属类型上图形的自由回忆率的交互作用

106)＝7.440，$p<0.05$，自我归属类型下图形的自由回忆成绩显著高于他人归属类型[$t(28)=2.167$，$p<0.05$]与无归属类型[$t(28)=4.050$，$p<0.001$]下图形的自由回忆成绩，他人归属类型下图形的自由回忆成绩与无归属类型下图形的自由回忆成绩无显著差异[$t(28)=1.410$，$p>0.05$]；控制条件（无所有权操作条件）在三种归属类型下图形的自由回忆成绩差异不显著，$F(2,106)=0.050$，$p>0.05$。鉴于本研究的研究目的，将有所有权操作条件下三种归属类型的图形的自由回忆成绩分别与控制条件的基线进行比较，结果发现，自我归属类型下图形的自由回忆成绩显著于基线[$F(1,53)=4.210$，$p<0.05$]，他人归属类型下图形的自由回忆成绩与基线无显著差异[$F(1,53)=0.040$，$p>0.05$]，无归属类型下图形的自由回忆成绩与基线无显著差异[$F(1,53)=2.650$，$p>0.05$]。

3.2.3.2　基于分配方式获取的所有权对儿童再认成绩的影响

两组被试再认成绩的平均分和标准差见表7。

表7　基于分配方式获取的所有权下两组被试再认率的描述统计($M±SD$)

	有所有权操作条件			控制条件(无所有权操作)		
	自我	他人	无	左	右	中
总的再认率	0.623±0.040	0.679±0.037	0.457±0.040	0.587±0.042	0.640±0.038	0.633±0.042
标签的再认率	0.815±0.050	0.840±0.044	0.667±0.054	0.773±0.052	0.760±0.046	0.760±0.056
图形的再认率	0.432±0.060	0.531±0.059	0.247±0.057	0.400±0.062	0.520±0.063	0.507±0.059

以总的正确再认率、标签的再认率和图形的再认率为因变量，所有权操作条件与归属类型为自变量进行重复测量方差分析，结果如表8所示。由结果可知，在总的再认率指标上所有权操作条件主效应不显著，归属类型的主效应显著，两者的交互作用也显著；在标签的再认率指标上，所有权操作条件的主效应不显著，归属类型的主效应不显著，两者的交互作用也不显著；在图形的再认率指标上，所有权操作条件的主效应不显著，归属类型的主效应显著，两者的交互作用显著。

表 8　分配方式获取的所有权以再认率为因变量进行方差分析的结果

因变量	变异来源	*SS*	*df*	*MS*	*F*	*p*	η_p^2	1−β
总的再认率	所有权操作条件	0.044	1	0.044	0.823	0.369	0.016	0.145
	归属类型	0.340	2	0.170	4.792	0.010	0.087	0.785
	所有权操作条件×归属类型	0.398	2	0.199	5.605	0.005	0.101	0.848
标签的再认率	所有权操作条件	0.003	1	0.003	0.043	0.836	0.001	0.055
	归属类型	0.243	2	0.121	2.007	0.140	0.039	0.406
	所有权操作条件×归属类型	0.214	2	0.107	1.772	0.175	0.034	0.363
图形的再认率	所有权操作条件	0.203	1	0.203	1.702	0.198	0.033	0.249
	归属类型	0.616	2	0.308	3.853	0.024	0.072	0.686
	所有权操作条件×归属类型	0.687	2	0.344	4.299	0.016	0.079	0.737

对因变量为总的再认率的简单效应结果分析发现（如图 13 所示），在有所有权操作条件下三种归属类型总的再认成绩差异显著［$F(2,100)=10.170, p<0.001$］，自我归属类型下总的再认成绩与他人归属类型下总的再认成绩无显著差异［$t(26)=-1.122, p>0.05$］；自我归属类型下总的再认成

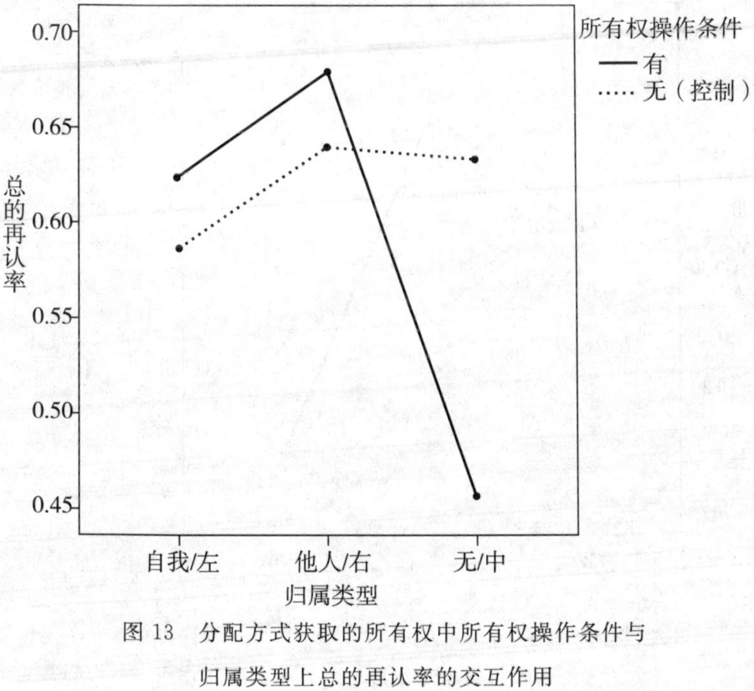

图 13　分配方式获取的所有权中所有权操作条件与归属类型上总的再认率的交互作用

绩显著高于无归属类型下总的再认成绩[$t(26)=4.561, p<0.001$]，他人归属类型下总的再认成绩也显著高于无归属类型下总的再认成绩[$t(26)=3.824, p<0.005$]。控制条件(无所有权操作条件)在三种归属类型下总的再认成绩差异不显著[$F(2,100)=0.590, p>0.05$]。鉴于本研究的研究目的，将有所有权操作条件下三种归属类型的总的再认成绩分别与控制条件的基线进行比较，结果发现，自我归属类型下总的再认成绩与基线无显著差异[$F(1,50)=0.400, p>0.05$]，他人归属类型下总的再认成绩与基线无显著差异[$F(1,50)=0.550, p>0.05$]，控制条件下的再认成绩显著高于无归属类型下总的再认成绩[$F(1,50)=9.200, p<0.005$]。

因变量为图形的再认率的简单效应结果分析发现(如图 14 所示)，在有所有权操作条件下三种归属类型图形的再认率成绩差异显著[$F(2,100)=7.990, p<0.001$]，自我归属类型下图形的再认成绩与他人归属类型下图形的再认成绩无显著差异[$t(26)=-1.217, p>0.05$]；自我归属类型下图形的再认成绩显著高于无归属类型下图形的再认成绩[$t(26)=3.349, p<0.005$]，他人归属类型下图形的再认成绩也显著高于无归属类型下图形的再

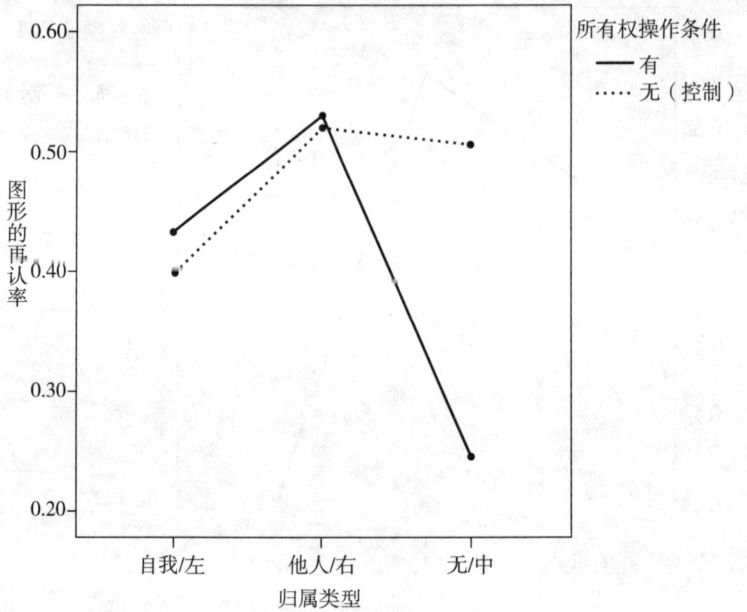

图 14　分配方式获取的所有权中所有权操作条件与归属类型上图形的再认率的交互作用

认成绩[$t(26)=2.658$，$p<0.05$]。控制条件（无所有权操作条件）在三种归属类型下图形的再认率差异不显著，$F(2,100)=1.350$，$p>0.05$。鉴于本研究的目的，将有所有权操作条件下三种归属类型的图形的再认率成绩分别与控制条件的基线进行比较，结果发现，自我归属类型下图形的再认成绩与基线无显著差异[$F(1,50)=0.140$，$p>0.05$]，他人归属类型下图形的再认成绩与基线无显著差异[$F(1,50)=0.020$，$p>0.05$]，控制条件图形的再认成绩显著高于无归属类型下图形的再认成绩[$F(1,50)=10.000$，$p<0.005$]。

3.2.4　讨论

由实验二的研究结果发现，基于分配方式获取的所有权以总的自由回忆率、标签的自由回忆率以及图形的自由回忆率为因变量，对于有所有权操作条件来说，其自我归属类型下的自由回忆成绩显著高于他人归属类型下的自由回忆成绩与无归属类型下的自由回忆成绩，他人归属类型下的自由回忆成绩不显著低于无归属类型下的自由回忆成绩，出现了记忆的所有权效应(Cunningham 等，2008；Cunningham 等，2011；Van 等，2010)。整体而言，实验二的结果与前人的研究结果一致(Cunningham 等，2018)，支持了研究一假设 3，也说明了基于分配的所有权获取方式有利于提高儿童的学习成绩。实验二的结果还发现控制条件三种归属类型下自由回忆成绩差异不显著，但将控制条件作为基线与有所有权操作条件下三种归属类型进行比较发现，三种因变量指标条件下自我归属类型下的自由回忆成绩显著高于控制条件，他人归属类型下以及无归属类型下的自由回忆成绩与控制条件无显著差异，支持了研究一假设 4，说明自我归属类型下学习成绩的提高不以降低非自我归属类型下的学习成绩为代价，从而证实了基于分配方式获取的所有权能有效地提高儿童的自由回忆成绩。

实验二将前人基于分配方式获取的所有权从以自由回忆率为因变量指标扩展到以再认率为因变量指标，结果发现，以总的再认成绩与图形的再认成绩为因变量，对于有所有权条件而言，其自我归属类型下的再认成绩与他人归属类型下的再认成绩无显著差异，研究一假设 3 没有得到完全的验证，但无论是自我归属类型下的再认成绩还是他人归属类型下的再认成绩均显著高于无归属类型下的再认成绩，说明相对于无归属所有权，所有权可以有效地提高儿童的学习成绩。对于以标签的再认率为因变量指标，有所有权操作条件下三种归属类型差异不显著，究其原因，笔者认为作为标签的实验材料是由两个常见汉字组成的假词，而学习阶段与再认阶段作为实验材料的假词的两个汉字互不重叠，在学习阶段只要记住假词中一个汉字都可能迁移到再认阶段，从而造成了标签的再认率出现了天花板效应；控制条件作为基线与有所有权操作条件下的三种归属类型进行对比发现，无论是总的再认成绩还是图形的再认成绩，自我归属类型、他人归属类型下的学习成绩与基线无显著差异，但无归属类型下的学习成绩显著低于基线，与研究一假设 4 相悖。对此，笔者认为对于控制条件在学习阶段让被试按照卡片上的颜色将卡片分配到相应的篮子中，分配的动作由被试自己完成从而有了自我卷入，Peck、Shu(2009)认为仅仅通过触摸对象就可以从感知上增加所有权与客体之间的联系，这个过程可能会给被试带来更多的控制感，进而增加感知的所有权，所以控制条件的学习成绩比有所有权操作条件中无归属类型的学习成绩好；但采用同样控制条件的自由回忆成绩并没有出现上述结果，说明除了自我卷入的影响外还可能存在其他方面的原因，从再认材料的认知负荷得分可知($M_{实验}=5.483$，$SD=0.509$；$M_{控制}=5.577$，$SD=0.643$)，用于再认的实验材料过于简单，造成学习成绩均出现了天花板效应也可能是一个原因，综上所述，控制组中自我的卷入与实验材料认知负荷太小共同作用导致无归属类型下的再认成绩显著低于基线。此外，自我归属类型下与他人归属类型下的再认成绩无显著差异，其可能的原因除了再认测验本身具有线索可寻之外，由认知负荷得分可知，以再认成绩作为因变量指标相对自由回忆成绩作为因变量指标时难度较小，儿童所付出的努力也较少，即实验材料的认知负荷较小，最主要可能是由于在学习阶段与再认阶段作为标签的假词均由两个互不重叠的汉字组成，在学习阶段只要记住假词中的一个字就容易迁移到再认阶段，从而造成再认成绩的天花板效应，因此，没有反映出实验的处理效应。

总的来说，在以自由回忆成绩为因变量指标条件下，基于分配方式获取的所有权有利于提高儿童的学习成绩，所有权教学中自我归属类型对儿童学习成绩的提高不以降低非自我归属类型下的学习成绩为代价，证实了基于分配方式获取的所有权可以有效地提高儿童的自由回忆成绩。在以再认成绩为因变量指标下，自我归属类型与他人归属类型下所有权均能提高儿童的学习成绩，由于实验材料认知负荷的影响，实验结果并未表现自我归属类型下的学习成绩优于他人归属类型下的学习成绩；鉴于控制条件下自我的卷入以及实验材料认知负荷的共同作用，基于分配方式获取的所有权运用于儿童学习过程中能提高儿童的学习成绩的有效性未得到证实，因此，也不能妄下结论说分配方式获取的所有权中，自我归属类型下的学习成绩的提高以降低非自我归属类型下的学习成绩为代价。

3.2.5 研究结论

(1)以自由回忆成绩为因变量，基于分配方式获取的所有权可以提高儿童的学习成绩；与控制条件进行比较发现，自我归属类型下学习成绩的提高不以降低非自我归属类型下的学习成绩为代价。

(2)以再认成绩为因变量，分配方式获取的所有权也可以提高儿童的学习成绩；由于控制条件下自我的卷入与认知负荷的共同作用，并不能说明分配方式获取的所有权对儿童学习成绩的提高是以降低非自我归属类型下的学习成绩为代价。

4 研究二:不同方式获取的所有权中关系他人卷入对儿童学习效果的影响

符号互动学派创始人米德和社会学家库利对自我的形成进行了开拓性的探索,强调了社会互动在个体自我概念形成中的巨大作用。米德从社会整体的角度定义自我,认为自我本质上是一种社会存在,必须把它当作整个社会系统和社会过程的组成部分。他强调自我的社会生成和社会本性,着重指出自我作为社会实体所具有的统一性。他认为自我作为一种社会实体,是个体的身体、心灵、行为以及环境的有机统一体。自我来源于社会互动,只有通过不断与社会进行互动才能产生和存在。儿童阶段所处的社会关系无外乎三种:亲子关系、同伴关系和师生关系(林崇德, 2009),这三种关系对儿童的自我图式必然会产生深远的影响。此外,Kitayama(1991)等人有关文化与自我的观点认为东方文化背景下个体的自我概念具有互依性的特征,强调保持自我与他人相互依存关系,自我图式涵盖了母亲等较为亲密的个体。西方文化背景下,个体的自我属性具有独立性的特点,强调维持自我的完整性和排他性。大量与自我相关的研究发现中国人的自我中包括母亲(Oyserman, 2017)、朋友(Allan 等, 2016)、恋人(周丽、苏彦捷, 2008) 等亲密他人。关于中国儿童的自我加工偏差的研究发现,中国儿童的自我相关条件下的记忆成绩与母亲相关条件下的记忆成绩没有显著差异,两者均显著高于朋友以及老师条件下的记忆成绩,而朋友与老师相关条件下的记忆成绩又显著高于他人相关条件下的记忆成绩,说明中国儿童的自我也包括亲密的他人(袁中星,

2007)。考虑到中国儿童受到互依型文化的影响,在将所有权的研究范式用于儿童学习情境时,有必要探讨关系他人的卷入是否有助于提高儿童的学习成绩。

鉴于研究一中的两个实验已分别探讨了基于选择方式获取的所有权与基于分配方式获取的所有权能提高儿童自我归属类型下的学习成绩,并且这种所有权的学习优势不以降低非自我归属类型下的学习成绩为代价,说明所有权的教学情境用于儿童教育活动中能有效地提高儿童的学习成绩。对于长期受互依型文化影响的中国儿童,其自我中可能会包括母亲、朋友以及老师等亲密的他人(袁中星,2007),那么,在探讨所有权对儿童学习效果的影响时,将母亲、朋友与老师卷入是否会进一步增强儿童的学习效果呢?

自我决定理论(self-determination theory,SDT)是一个关于人类动机的宏观理论,它关注的是社会背景下人格的发展和功能。根据这一理论,人类个体有三种基本的心理需求,即自主性(autonomy)、能力感(competence)和关联感(relatedness)。自主性是个体在行为方面意志的体现和对自我意愿的一种感知,能力感是指个体对行为和日常生活中接受挑战能力的自我效能感知,关联感是与其他人建立的联系和归属感(Guardia 等, 2000; Ryan、Deci, 2000)。SDT 认为提供选择是实践和支持自主需要的一种方式,对自主的需求等同于对自我实现和自我决定的努力,因此会对人的认知和情感产生积极的影响。然而 Ryan 和 Deci (2000)也假设,只有当人们觉得 SDT 提出的三种需求都得到满足时,内在的或自主的动机才会出现。因此,要使选择产生积极的作用,就必须以一种使三种需要都得到有意义的满足的方式提供选择。此外,有些研究者为了更好地说明选择的自我实现方面,他们区分了挑选和选择。根据这些研究者的观点,挑选不一定能表达个人的欲望或喜好,而选择涉及一种有意义地实现个人欲望或偏好的机会。这种区别突显了这样一种可能性,即在某些实验中给被试提供的选择允许他们挑选,但是不会对他们的自主性产生影响,因为没有偏好的选择不会影响人们的兴趣、意志、目标和价值观,所以有研究认为挑选比选择更没有动力(Rescher, 1960)。

总的来说,上述研究的结果表明,挑选对于激发个体动机来说并没有实质性的作用,而选择能更大程度上地获得自主性从而激发个体的内部动机。因此,为了让选择对动机产生积极的影响,应当使个体参与选择过程并获得更多的自主性。基于选择方式获取的所有权相对于基于分配方式获取的所有权有更多的选择机会,那么将所有权运用于儿童的学习过程中,选择方式获取的所有权的学习效果是否要比分配方式获取的所有权的学习效果更好呢?因此,比较两种方式获取的所有权在不同关系他人卷入情况下对儿童学习效果的影响,这对于教学方法的择优选择也有重要的实践意义。值得提出的是,研究一已证明了所有权用于教学活动中能有效地提高儿童的学习成绩,研究二中将去掉无归属类型与用于基线比较的控制条件,研究不同方式获取的所有权中关系他人卷入对儿童学习效果的影响。

4.1 实验三:不同方式获取的所有权中亲子关系卷入对儿童学习效果的影响

前人研究发现只要采用适合儿童的研究范式,中国儿童的自我概念中就会包括自己的母亲、朋友以及老师等亲密的他人(袁中星,2007)。而已有研究证实所有权范式是目前研究儿童自我概念最好的研究范式(Sui、Zhu,2005;周爱保等,2010;Cunningham 等,2013;Ross 等,2011)。研究一已经从自由回忆成绩与再认成绩两方面有力地说明了两种所有权形式均可以有效地运用于儿童教学过程中提高儿童的学习成绩,本研究目的之一是基于长期受互依型文化影响的中国儿童,探讨将母亲作为关系他人卷入儿童所有权教学过程中对儿童学习效果的影响;研究目的之二是在母亲卷入的情况下,考察两种方式获取的所有权对儿童学习效果影响的差异。

4.1.1 研究假设

研究二假设 1:无论是以自由回忆测验成绩还是以再认测验成绩为因变量指标,归属类型的主效应都显著,自我归属类型下的学习成绩与母亲归属类型下的学习成绩无显著差异,且均显著高于他人归属类型下的学习成绩。

研究二假设 2:无论是以自由回忆测验成绩还是以再认测验成绩为因变量指标,所有权获取方式的主效应显著,基于选择方式获取的所有权的学习成绩显著高于基于分配方式获取的所有权的学习成绩。

4.1.2 研究方法

4.1.2.1 实验设计

采用2(所有权获取方式:选择、分配)×3(归属类型:自我、母亲、他人)的两因素混合实验设计,其中所有权获取方式为组间变量,归属类型为组内变量,因变量为被试的自由回忆率与再认率。

4.1.2.2 研究对象

采用随机整群抽样方法,选取湖北孝感市某小学3年级儿童98名,平均年龄8.37岁,因变量为自由回忆条件下为47人,分别是选择组男生12名、女生11名,分配组男生12名、女生12名;因变量为再认条件下为51人,分别是选择组男生14名、女生10名,分配组男生14名、女生13名。

4.1.2.3 实验材料与工具

实验材料:18张卡片均来自实验一,均由图形与假词标签构成,9张用于学习阶段,9张用于再认阶段,两类卡片在两个阶段以及不同的归属类型下充分平衡。

研究工具:改编的Aron等人(1992)IOS量表(inclusion of other in the self scale,自我所括他人量表或亲密度量表)测量被试与母亲的亲密程度,由4对重叠程度递增的两个圆组成,构成一个4点等距量表,两个圆之间的重叠程度越大,表示自己与母亲的亲密度越高。该量表重测信度为0.83,具有良好的信度。正式实验前,要求被试从4对重叠的圆中选择一组最能代表他和他的母亲之间关系的图形(见附录四)。已有研究表明关系他人与个体的亲密度会对与自我相关的记忆成绩产生影响(夏瑞雪、金瑞秸、赵海燕、牛百灵,2015;周丽、苏彦捷,2008),由于本研究不考察亲密度对因变量的影响,将IOS量表得分在数据分析部分以协变量的形式纳入,加以控制。

4.1.2.4 实验程序

实验开始前让被试完成IOS量表了解被试与其母亲的亲密程度。

学习阶段:

基于选择方式获取的所有权:在被试面前放3个不同颜色的篮子和9张小卡片,每张卡片正面朝上,显示了一个新的图形和一个假词标签(例如“水月”“在个”“以美”等)。被试被告知他们将玩一个包含9张卡片的游戏,并且要尽可能地记住这些卡片上的图形和标签,之后马上会有一个记忆测试。主试要求被试先为自己选择一个篮子,然后为自己的妈妈选择一个篮子,剩下的一个篮子属于主试,接着被试轮流为自己、母亲以及主试选择卡片,先为谁选在参与者之间是平衡的。每张卡片都是正面朝上,一旦每个购物车有了三张卡片,主试就会大声念出他自己的、被试的和母亲的卡片上的标签(参与者之间的顺序平衡),即重申所有权(例如,指着图片说:你的卡片是"水月""在个""以美")。主试将9张卡片的归属情况写在一张纸上(3张卡片属于被试自己所有,3张属于实验者所有,还有3张属于被试的母亲)。

基于分配方式获取的所有权:在被试面前放着3个不同颜色的篮子和9张小卡片。告知被试他们将玩一个游戏,在游戏中他们必须根据卡片上的颜色标记把9张卡片依次分类到他们面前的3个彩色篮子中(例如,具有红色标记的卡片将分配给拥有红色篮子的人,具有黄色标记的卡片将分配给拥有黄色篮子的人,具有蓝色标记的卡片将分配给拥有蓝色篮子的人),并且要求被试尽可能多地记住卡片上的图形与标签,后续马上会进行记忆测试。卡片、归属情况以及篮子的颜色三者在参与者之间均被充分平衡,当孩子们被告知分类任务时,主试就告诉事先给被试分配好的篮子的所有权归属情况,接着被试轮流为自己、母亲与主试的篮子中放置相应的卡片,为谁先放与后放在参与者之间是做了平衡处理的。每张卡片都是正面朝上,一旦每个购物车有了三张牌,主试就会大声念出他自己的、被试的和母亲的卡片上的标签(参与者之间的顺序平衡),即重申所有权(例如,指着图片说:你的卡片是"水月""在个""以美")。主试将9张卡片的归属情况写在一张纸上(3张卡片属于被试自己所有,3张属于实验者所有,还有3张属于被试的母亲)。

测试阶段:

同研究一。

4.1.3 实验结果

4.1.3.1 亲子关系中不同方式获取的所有权对儿童自由回忆成绩的影响

对总的自由回忆率、标签的自由回忆率以及图形的自由回忆率采用2(所有权获取方式:选择、分配)×3(归属类型:自我、母亲、他人)的两因素重复测量方差分析进行统计检验,将亲密度作为协变量纳入统计分析。各变量的具体测量值如表9所示。

表9 两种方式获取的所有权在亲子关系卷入中三种自由回忆率的描述统计($M\pm SD$)

	选择			分配		
	自我归属	母亲归属	他人归属	自我归属	母亲归属	他人归属
总的自由回忆率	0.231±0.033	0.206±0.032	0.107±0.021	0.174±0.033	0.157±0.032	0.057±0.021
标签的自由回忆率	0.171±0.042	0.213±0.052	0.137±0.029	0.211±0.041	0.198±0.051	0.036±0.028
图形的自由回忆率	0.291±0.051	0.199±0.047	0.078±0.035	0.138±0.050	0.115±0.046	0.078±0.034

在总的自由回忆率指标上,归属类型与亲密度之间的交互作用不显著($p>0.05$),亲密度的主效应也不显著($p>0.05$),说明亲密度不会影响亲子关系中不同所有权获取方式对儿童不同归属类型下总的自由回忆成绩。归属类型的主效应边缘显著,$F(2,88)=2.993$,$p = 0.055$,$\eta_p^2=0.064$,LSD事后多重比较检验发现,自我归属类型与母亲归属类型下总的自由回忆成绩无显著差异($p>0.05$),自我归属类型下总的自由回忆成绩显著高于他人归属类型下总的自由回忆成绩($p<0.001$),母亲归属类型下总的自由回忆成绩显著高于他人归属类型下总的自由回忆成绩($p<0.005$)。所有权获取方式的主效应也显著,$F(1,44)=4.743$,$p<0.05$,$\eta_p^2=0.097$,选择方式获取的所有权中总的自由回忆成绩显著高于分配方式获取的所有权中总的自由回忆成绩;所有权获取方式与归属类型两者之间的交互作用不显著,$F(2,88)=0.008$,$p>0.05$。具体结果如图15所示。

在标签的自由回忆率指标上,归属类型与亲密度之间的交互作用不显著,$F(2,88)=1.906$,$p>0.05$,亲密度的主效应也不显著,$F(1,44)=0.617$,$p>0.05$,说明亲密度不会影响亲子关系中不同所有权获取方式对儿童不同归属类型下标签的自由回忆成绩。归属类型的主效应边缘显著,$F(2,88)=2.984$,$p = 0.056$,$\eta_p^2=0.064$,LSD事后多重比较检验发现,自我归属类型

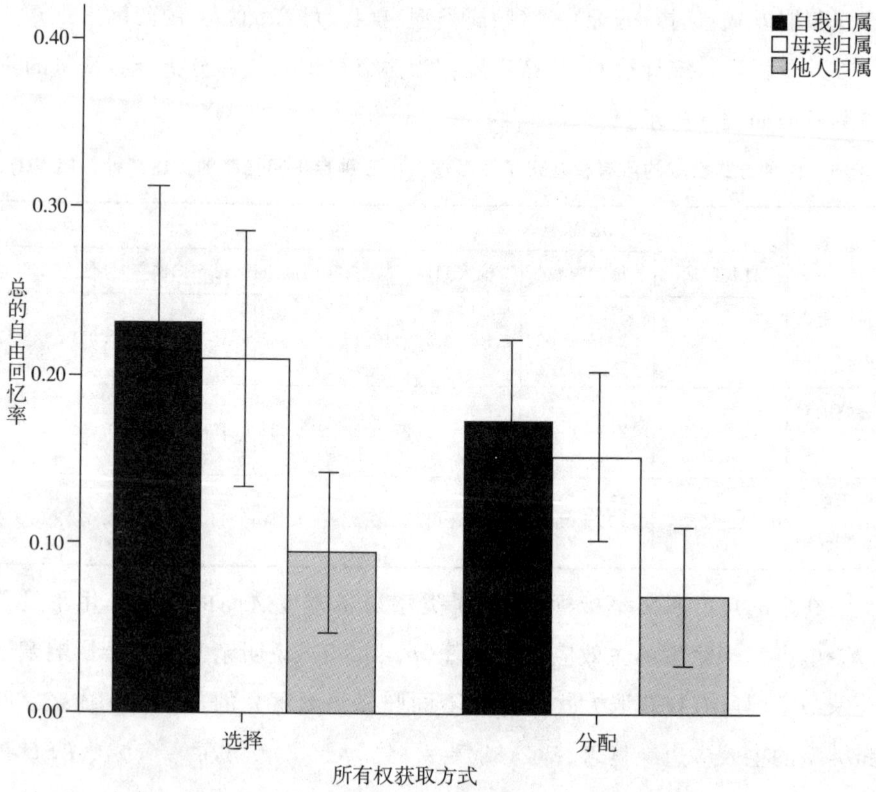

图 15　亲子关系中两种方式获取的所有权对不同归属类型在总的自由回忆成绩上的影响

与母亲归属类型下标签的自由回忆成绩无显著差异（$p>0.05$），自我归属类型下标签的自由回忆成绩显著高于他人归属类型下标签的自由回忆成绩（$p<0.005$），母亲归属类型下标签的自由回忆率显著高于他人归属类型下标签的自由回忆率（$p<0.05$）。所有权获取方式的主效应不显著，$F(1,44)=0.518$，$p>0.05$，选择方式获取的所有权中标签的自由回忆成绩与分配方式获取的所有权中标签的自由回忆成绩无显著差异；所有权获取方式与归属类型两者之间的交互作用不显著，$F(2,44)=1.391$，$p>0.05$。具体结果如图16所示。

在图形的自由回忆率指标上，归属与亲密度之间的交互作用不显著，$F(2,88)=0.186$，$p>0.05$，亲密度的主效应也不显著，$F(1,44)=0.029$，$p>0.05$，说明亲密度不会影响亲子关系中不同所有权获取方式对儿童不同

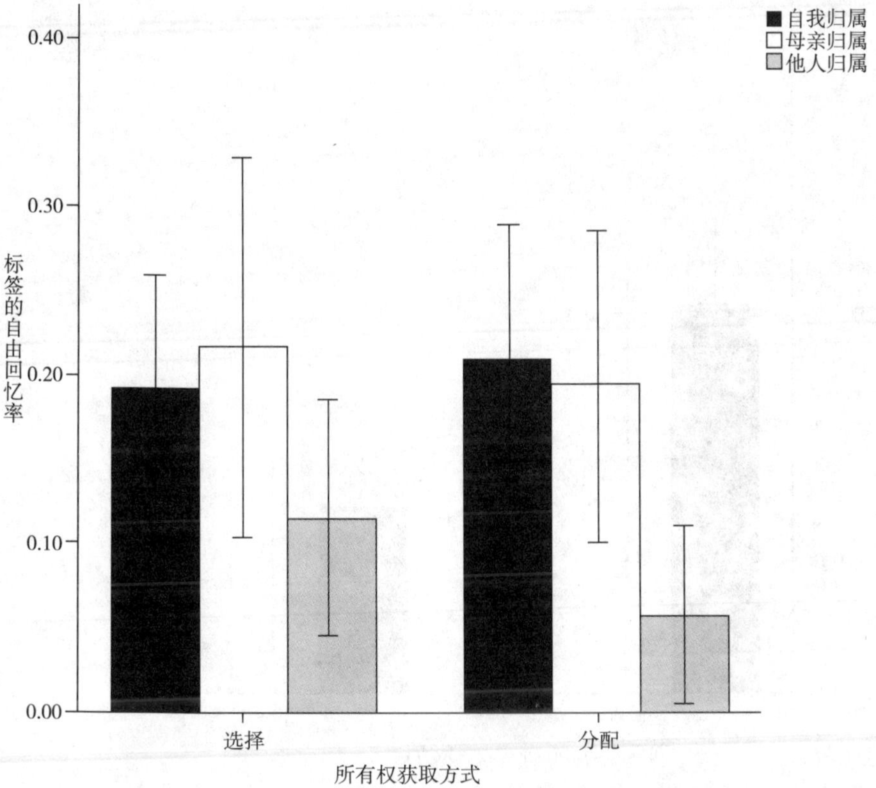

图 16　亲子关系中两种方式获取的所有权对不同归属类型在标签的自由回忆成绩上的影响

归属类型下图形的自由回忆成绩。归属类型的主效应不显著，$F(2,88)=0.484, p>0.05$。所有权获取方式的主效应显著，$F(1,44)=4.455, p<0.05, \eta_p^2=0.092$，选择方式获取的所有权中图形的自由回忆成绩显著高于分配方式获取的所有权中图形的自由回忆成绩。所有权获取方式与归属类型两者之间的交互作用不显著，$F(2,88)=1.434, p>0.05$。具体结果如图 17 所示。

4.1.3.2　亲子关系中不同方式获取的所有权对儿童再认成绩的影响

对总的再认率、标签的再认率以及图形的再认率采用 2（所有权获取方式：选择、分配）×3（归属类型：自我、母亲、他人）的两因素重复测量方差分析进行统计检验，并将亲密度作为协变量纳入统计分析。各变量的具体测量值如表 10 所示。

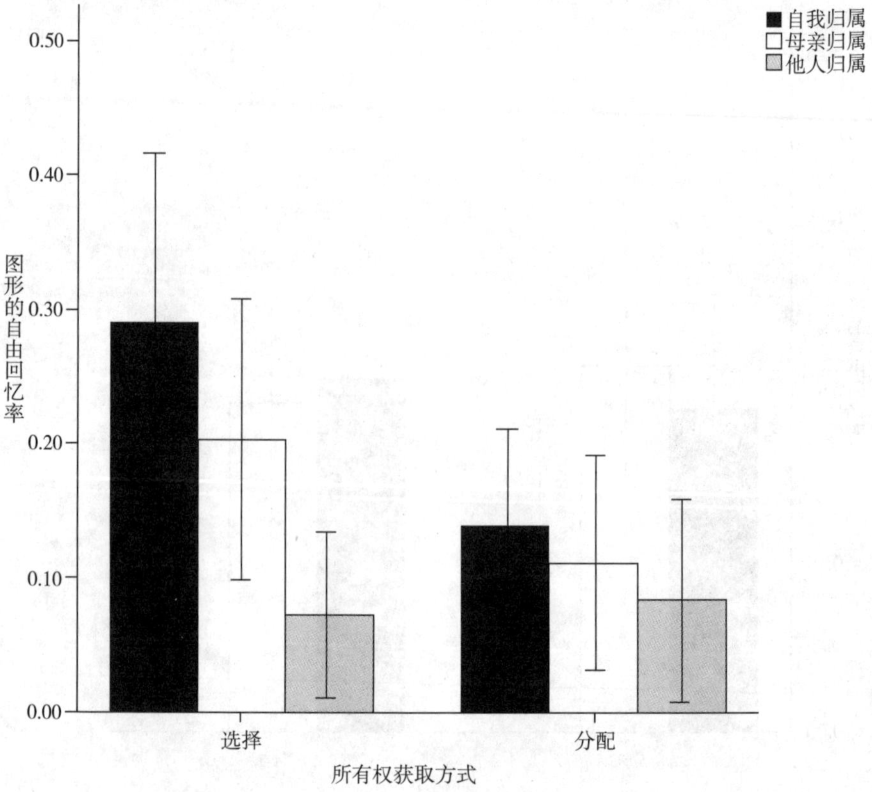

图 17　亲子关系中两种方式获取的所有权对不同归属在图形的自由回忆成绩上的影响

表 10　两种所有权获取方式在亲子关系卷入中三种再认率的描述统计(*M*±*SD*)

	选择			分配		
	自我归属	母亲归属	他人归属	自我归属	母亲归属	他人归属
总的再认率	0.792±0.038	0.792±0.044	0.688±0.030	0.691±0.035	0.679±0.041	0.537±0.028
标签的再认率	0.889±0.055	0.847±0.057	0.792±0.055	0.531±0.052	0.494±0.054	0.272±0.052
图形的再认率	0.694±0.048	0.736±0.055	0.583±0.058	0.852±0.045	0.877±0.052	0.802±0.054

在总的再认率指标上，归属类型与亲密度之间的交互作用不显著($p>0.05$)，亲密度的主效应也不显著($p>0.05$)，说明亲密度不会影响亲子关系

中不同所有权获取方式对儿童不同归属类型下总的再认成绩。归属类型的主效应显著，$F(2,98)=7.933$，$p<0.005$，$\eta_p^2=0.139$，LSD 事后多重比较检验发现，自我归属类型与母亲归属类型下总的再认成绩无显著差异（$p>0.05$），自我归属类型下总的再认成绩显著高于他人归属类型下总的再认率（$p<0.001$），母亲归属类型下总的再认成绩显著高于他人归属类型下总的再认成绩（$p<0.005$）。所有权获取方式的主效应也显著，$F(1,49)=17.182$，$p<0.001$，$\eta_p^2=0.260$，选择方式获取的所有权中总的再认成绩显著高于分配方式获取的所有权中总的再认成绩；所有权获取方式与归属类型两者之间的交互作用不显著，$F(2,98)=0.255$，$p>0.05$。具体结果如图 18 所示。

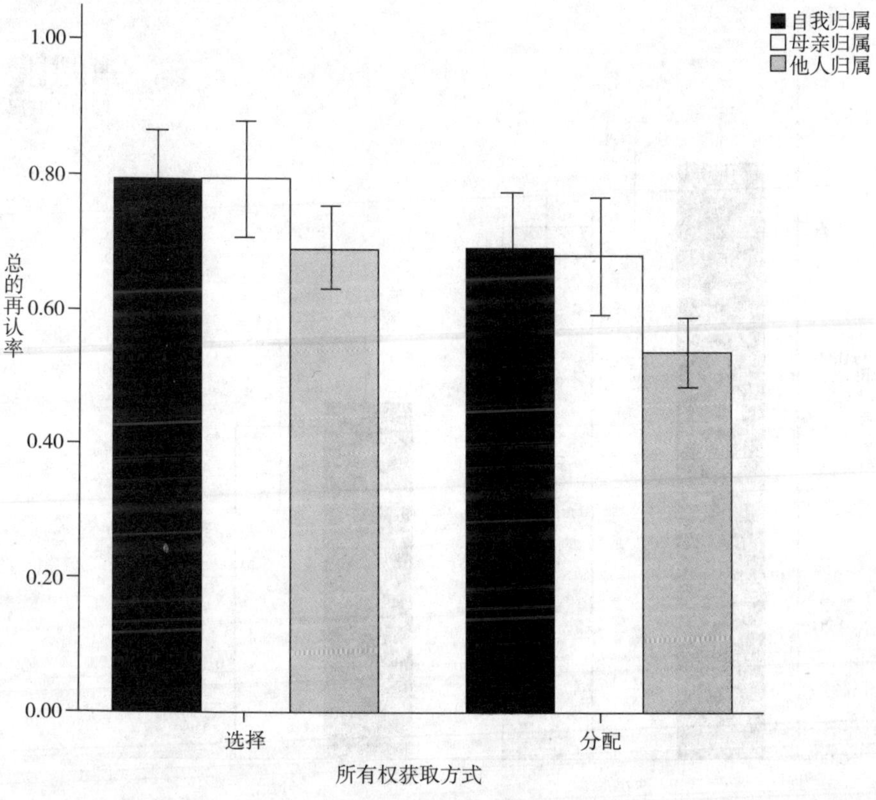

图 18　亲子关系中两种方式获取的所有权对不同归属类型在总的再认成绩上的影响

在标签的再认率指标上，归属类型与亲密度之间的交互作用不显著（$p>0.05$），亲密度的主效应也不显著（$p>0.05$），说明亲密度不会影响亲子关系中不同所有权获取方式对儿童不同归属类型下标签的再认成绩。归属类型的主效应显著，$F(2,98)=6.133$，$p<0.005$，$\eta_p^2=0.111$，LSD 事后多重比较检验发现，自我归属类型与母亲归属类型下标签的再认成绩无显著差异（$p>0.05$），自我归属类型下标签的再认成绩显著高于他人归属类型下标签的再认成绩（$p<0.05$），母亲归属类型下标签的再认成绩显著高于他人归属类型下标签的再认成绩（$p<0.05$）。所有权获取方式的主效应显著，$F(1,49)=82.904$，$p<0.001$，$\eta_p^2=0.629$，选择方式获取的所有权中标签的再认成绩显著高于分配方式获取的所有权中标签的再认成绩；所有权获取方式与归属类型两者之间的交互作用不显著，$F(2,98)=0.212$，$p>0.05$。具体结果如图19所示。

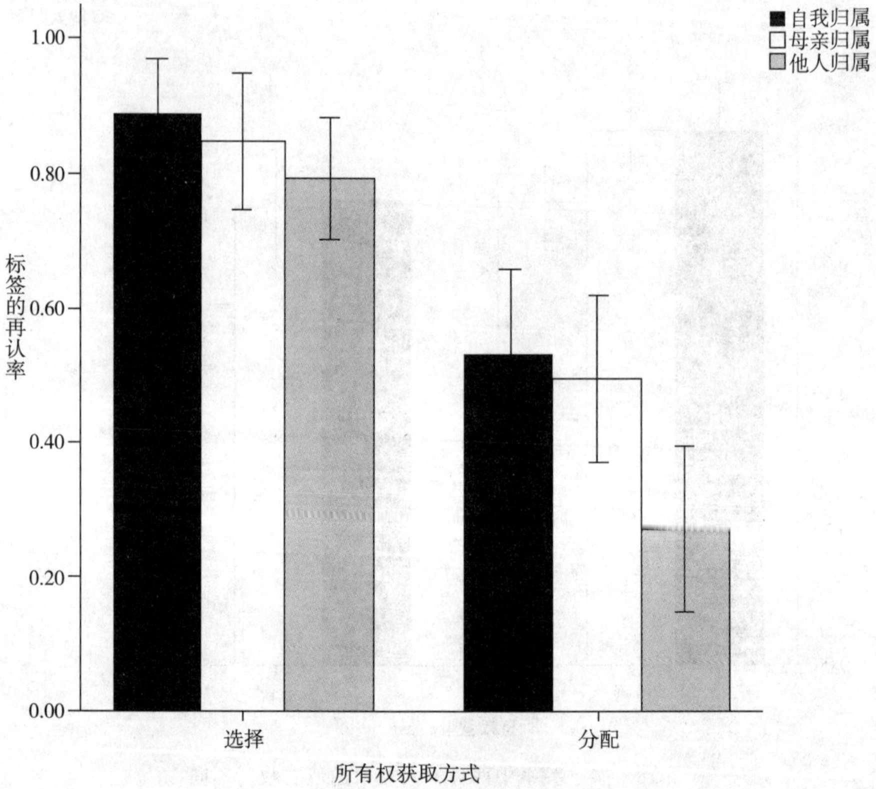

图19　亲子关系中两种方式获取的所有权对不同归属类型在标签的再认成绩上的影响

在图形的再认率指标上，归属与亲密度之间的交互作用不显著（$p>$

0.05),亲密度的主效应也不显著($p>0.05$),说明亲密度不会影响亲子关系中不同所有权获取方式对儿童不同归属类型下图形的再认成绩。归属的主效应边缘显著,$F(2,98)=2.435$,$p=0.093$,$\eta_p^2=0.047$,*LSD* 事后多重比较检验发现,自我归属类型与母亲归属类型下标签的再认成绩无显著差异($p>0.05$),自我归属类型下标签的再认成绩显著高于他人归属类型下标签的再认成绩($p<0.05$),母亲归属类型下标签的再认成绩显著高于他人归属类型下标签的再认成绩($p<0.05$)。所有权获取方式的主效应显著,$F(1,49)=17.119$,$p<0.001$,$\eta_p^2=0.258$,分配方式获取的所有权中图形的再认成绩显著高于选择方式获取的所有权中图形的再认成绩。所有权获取方式与归属两者之间的交互作用不显著,$F(2,98)=0.736$,$p>0.05$。具体结果如图 20 所示。

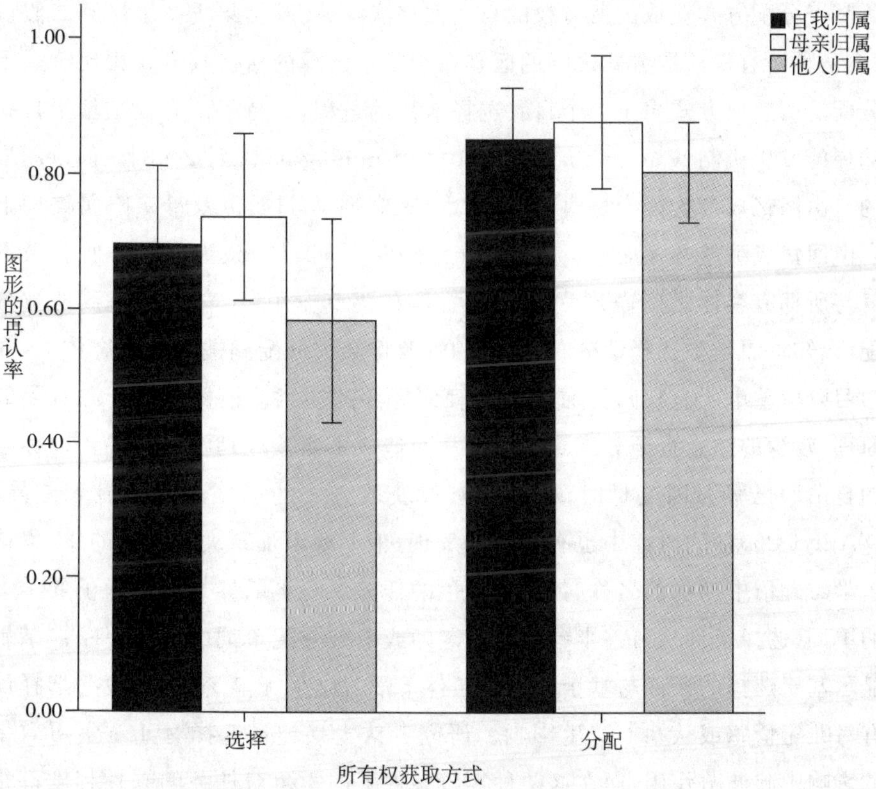

图 20 亲子关系中两种方式获取的所有权对不同归属在图形的再认成绩上的影响

4.1.4 讨论

实验三以总的自由回忆成绩和标签的自由回忆成绩为因变量,发现自我归属类型下的自由回忆成绩与母亲归属类型下的自由回忆成绩无显著差异,但两者均高于他人归属类型下的自由回忆成绩,实验结果支持了研究二假设1,同时显示出明显的记忆的自我—所有权效应与母亲－所有权效应。此外,实验结果还发现,母亲归属类型下的自由回忆成绩也表现出与自我归属类型下一样的记忆优势,与前人的研究结果一致(Sparks 等, 2016),说明母亲的卷入跟自我卷入一样都可以提高儿童学习成绩。以总的自由回忆成绩和图形的自由回忆成绩为因变量,发现选择方式获取的所有权的自由回忆成绩显著高于分配方式获取的所有权的自由回忆成绩,实验结果支持了研究二假设2。两种所有权获取方式之间的区别在于基于选择的所有权方式相比于基于分配的所有权方式多了一个自我选择卡片的过程,支持了所有权是基于自我选择的发生机制(Cunningham 等, 2011; Cunningham 等, 2008)。但以图形的自由回忆成绩为因变量时,发现自我归属、他人归属以及母亲归属类型下自由回忆成绩差异不显著,对此,Brockmole 等(2013)认为注意对所有者本身与所拥有客体之间心理联系的建立具有调节作用,注意不是一致地被分配,认知资源是被选择地分布,更多的资源将会被分配到被执行的客体上,在学习阶段重申所有权归属加强了对假词标签的注意。根据注意资源有限的原理,较少的注意资源分配到图形上从而造成了实验处理没有效果。以标签的自由回忆率为因变量时,两种所有权获取方式的回忆成绩无显著差异。D'Ailly(2004)的研究中也有类似的发现,他们要求加拿大和中国的 11 岁孩子学习外语中动物的名称、数字和颜色的任务。一半的参与者选择了要学习的单词(选择条件),另一半参与者由老师或电脑分配单词(分配条件)。结果显示基于选择的条件与基于分配的条件下学习结果无显著差异,说明选择没有对儿童情感或认知上产生影响。研究者认为兴趣在选择对儿童学习效果的影响中起调节作用,而在这两种实验条件下的学生对任务的兴趣程度都很高,这可能是选择没有产生任何影响的原因,也有可能是由于在学习阶段与再认阶段作为标签的假词均由两个互不重叠的汉字组成,在学习阶段只要记住假词的一个字就容易迁移到再认阶段造成再认成绩的天花板效应,从而使实验的处理效应不明显。

实验三以总的再认率、标签的再认率以及图形的再认率为因变量的研究均发现，自我归属类型的再认成绩与母亲归属类型的再认成绩无显著差异，但两者均高于他人归属类型下的再认成绩，结果表明母亲归属类型显示出与自我归属类型下一样的记忆的所有权效应，与前人研究结果（Sparks 等，2016）一致的同时也支持了研究二假设 1。此外，以总的再认成绩与标签的再认成绩为因变量指标均发现，选择方式获取的所有权的再认成绩显著高于分配方式获取的所有权的再认成绩，支持了研究二假设 1，对此，Cunningham 等人认为自我选择的背景更容易被感知到是与自我相关的，以及这种自我选择的身体活动可能反映自身能力和愿望的结合，当主体能力与愿望相一致时会诱发对物品更多的注意（Truong 等，2015），从而提高了选择方式获取的所有权的学习成绩。

4.1.5 研究结论

(1)无论是以自由回忆成绩还是以再认成绩为因变量，在所有权学习情境中母亲归属有利于提高儿童的学习成绩，且效果与自我归属时相当。

(2)无论是以自由回忆成绩还是以再认成绩为因变量，在亲子关系卷入后，基于选择方式获取的所有权的学习成绩显著高于基于分配方式获取的所有权，说明自我选择的过程更有利于提高儿童的学习成绩。

4.2 实验四:不同方式获取的所有权中同伴关系卷入对儿童学习效果的影响

许烺光认为父母等先赋性他人是中国人自我概念中的永久性居民，这意味着母亲等先赋性他人对于中国人而言，有可能超越亲密关系的限制。而交往性他人是个体寻求亲密进而在扩展自我的过程中被纳入的，包括老师、导师、朋友、老板等，这些人是个体的重要他人但却不是父母，不具有先赋性的关系。袁中星(2007)采用自我参照效应的研究范式探讨中国儿童的自我加工偏差时发现，中国儿童的自我参照条件下的记忆成绩与母亲参照条件下的记忆成绩没有显著差异，与朋友和老师参照条件下的记忆成绩有显著差异，而朋友与老师参照条件下的记忆成绩又显著高于他人参照条件下的记忆成绩，说明中国儿童的自我也包括亲密的他人，与许烺光的观点不谋而合。本研究的目的之一是：基于长期受互依型文化影响的中国儿童，探讨将朋友作为关系他人卷入儿童所有权教学过程中，对儿童学习效果的影响是否不如自我卷入时好，但也可以提高儿童学习成绩；研究的目的之二是：在朋友卷入的情况下，考察两种不同方式获取的所有权对儿童学习效果影响的差异。

4.2.1 研究假设

研究二假设 3：无论是以自由回忆测验成绩还是以再认测验成绩为因变量指标，在影响儿童学习成绩的因素中归属类型的主效应显著，自我归属类型下的学习成绩显著高于朋友归属类型下和他人归属类型下的学习成绩，朋友归属类型下的学习成绩显著高于他人归属类型下的学习成绩。

研究二假设 4：无论是以自由回忆测验成绩还是以再认测验成绩为因变量指标，所有权获取方式的主效应显著，基于选择方式获取的所有权的学习成绩显著高于基于分配方式获取的所有权的学习成绩。

4.2.2 研究方法

4.2.2.1 实验设计

采用 2(所有权获取方式：选择、分配)×3(归属类型：自我、朋友、他人)的两因素混合实验设计，其中所有权获取方式为组间变量，归属类型为组内变量，因变量为被试的自由回忆率与再认率。

4.2.2.2 研究对象

采用随机整群抽样方法，选取湖北孝感市某小学 3 年级儿童 108 名，平均年龄 8.42 岁，因变量为自由回忆条件下共 58 人，选择组男生 14 名、女生 14 名，分配组男生 14 名、女生 16 名；对于因变量为再认条件下共 60 人，分别是选择组男生 13 名、女生 15 名，分配组男生 14 名、女生 18 名。

4.2.2.3 实验材料与工具

同实验三。

4.2.2.4　实验程序

学习阶段：

基于选择方式获取的所有权：将实验三中的母亲替换成自己最好的朋友，其他同实验三。

基于分配方式获取的所有权：将实验三中的母亲替换成自己最好的朋友，其他同实验三。

测试阶段：

同研究一。

4.2.3　实验结果

4.2.3.1　同伴关系中不同方式获取的所有权对儿童自由回忆成绩的影响

鉴于已有研究表明与个体的亲密度会对与自我相关的记忆成绩产生影响(夏瑞雪等，2015；周丽、苏彦捷，2008)，本应将亲密度作为协变量纳入统计分析，但由于儿童受指导语的暗示，要求选择与自己关系最好的朋友，儿童被试将“最亲密的”与“最好的”混为一谈，所有被试的亲密度问卷得分都是4分。因此，作为协变量的亲密度的作用可不予考虑，对总的自由率、标签的自由回忆率以及图形的自由回忆率采用2(所有权获取方式：选择、分配)×3(归属类型：自我、朋友、他人)的两因素重复测量方差分析进行统计检验。各变量的具体测量值如表11所示。

表11　两种方式获取的所有权在同伴关系卷入中三种自由回忆率的描述统计($M\pm SD$)

	选择			分配		
	自我归属	朋友归属	他人归属	自我归属	朋友归属	他人归属
总的自由回忆率	0.315±0.036	0.163±0.027	0.131±0.022	0.167±0.035	0.139±0.026	0.061±0.021
标签的自由回忆率	0.321±0.049	0.179±0.040	0.119±0.031	0.211±0.047	0.144±0.038	0.044±0.030
图形的自由回忆率	0.410±0.044	0.155±0.036	0.143±0.034	0.122±0.042	0.133±0.035	0.078±0.033

在总的自由回忆率指标上，归属类型的主效应显著，$F(2,112)=12.968$，$p<0.001$，$\eta_p^2=0.188$，LSD 事后多重比较检验发现，自我归属类型下总的自

由回忆成绩显著高于朋友归属类型下总的自由回忆成绩($p<0.05$),自我归属类型下总的自由回忆成绩显著高于他人归属类型下总的自由回忆成绩($p<0.001$),朋友归属类型下总的自由回忆成绩显著高于他人归属类型下总的自由回忆成绩($p<0.01$)。所有权获取方式的主效应也显著,$F(1,56)=4.743$,$p<0.01$,$\eta_p^2=0.186$,选择方式获取的所有权中总的自由回忆成绩显著高于分配方式获取的所有权中总的自由回忆成绩。所有权获取方式与归属类型两者之间的交互作用不显著,$F(2,112)=2.292$,$p>0.05$。具体结果如图21所示。

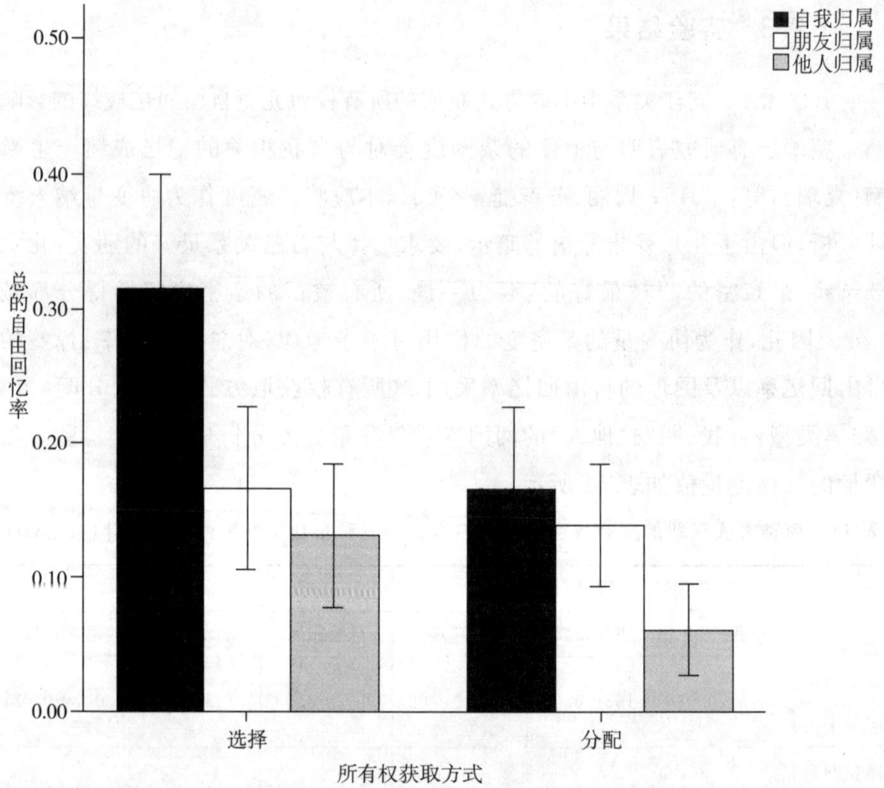

图21 同伴关系中两种方式获取的所有权对不同归属在总的自由回忆成绩上的影响

在标签的自由回忆率指标上,归属类型的主效应显著,$F(2,112)=11.170$,$p<0.001$,$\eta_p^2=0.166$,*LSD*事后多重比较检验发现,自我归属类型下标签的自由回忆成绩显著高于朋友归属类型下标签的自由回忆成绩($p<$

0.05),自我归属类型下标签的自由回忆成绩显著高于他人归属类型下标签的自由回忆成绩($p<0.001$),朋友归属类型下标签的自由回忆成绩显著高于他人归属类型下标签的自由回忆成绩($p<0.05$)。所有权获取方式的主效应显著,$F(1,56)=4.595$,$p<0.05$,$\eta_p^2=0.076$,选择方式获取的所有权中标签的自由回忆成绩显著高于分配方式获取的所有权中标签的自由回忆成绩;所有权获取方式与归属类型两者之间的交互作用不显著,$F(2,112)=0.474$,$p>0.05$。具体结果如图 22 所示。

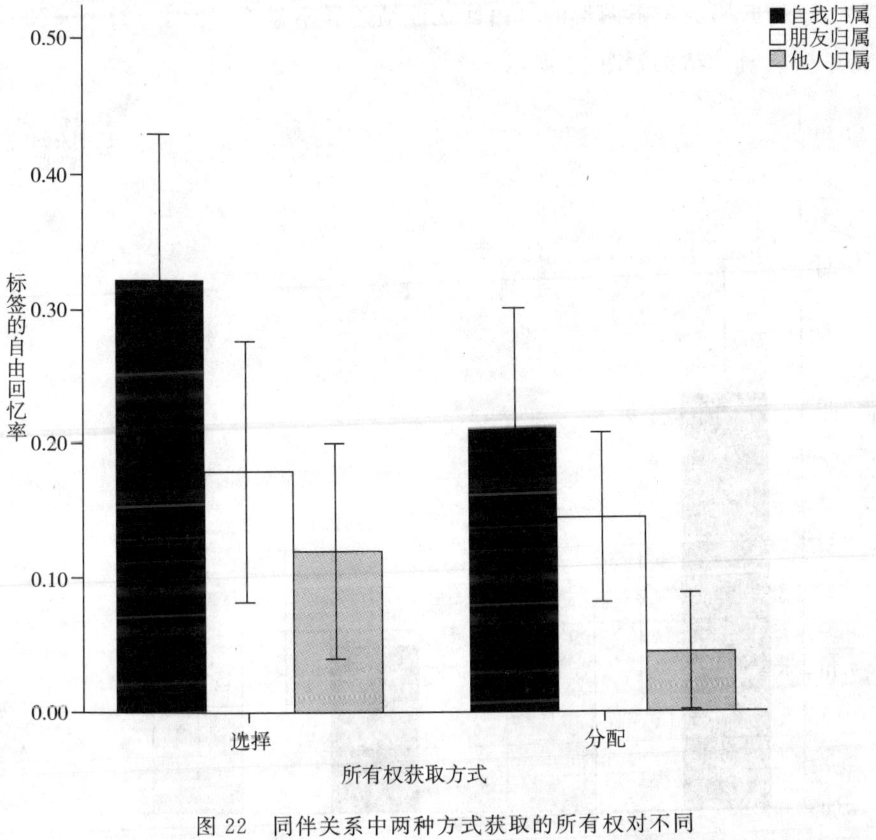

图 22　同伴关系中两种方式获取的所有权对不同归属类型在标签的自由回忆率上的影响

在图形的自由回忆率指标上,归属类型的主效应不显著,$F(2,112)=4.649$,$p>0.05$,$\eta_p^2=0.077$;所有权获取方式的主效应显著,$F(1,56)=7.384$,$p<0.05$,$\eta_p^2=0.117$,选择方式获取的所有权中,图形的自由回忆成绩显著高于分配方式获取的所有权下图形的自由回忆成绩。所有权获取方式

与类型归属两者之间的交互作用边缘显著，$F(2,112)=2.965, p=0.056, \eta_p^2=0.050$，简单效应分析后发现，在选择方式获取的所有权中，三种归属类型下图形的自由回忆成绩差异显著，$F(2,112)=6.680, p<0.05$，自我归属类型下图形的自由回忆成绩显著高于朋友归属类型下图形的自由回忆成绩[$t(27)=2.372, p<0.05$]与他人归属类型下图形的自由回忆成绩[$t(27)=2.469, p<0.05$]，朋友归属类型下图形的自由回忆成绩与他人归属类型下图形的自由成绩无显著差异[$t(27)=0.273, p>0.05$]；在分配方式获取的所有权中，三种归属类型下图形的自由回忆成绩差异不显著，$F(2,112)=0.720, p>0.05$。具体结果如图 23 所示。

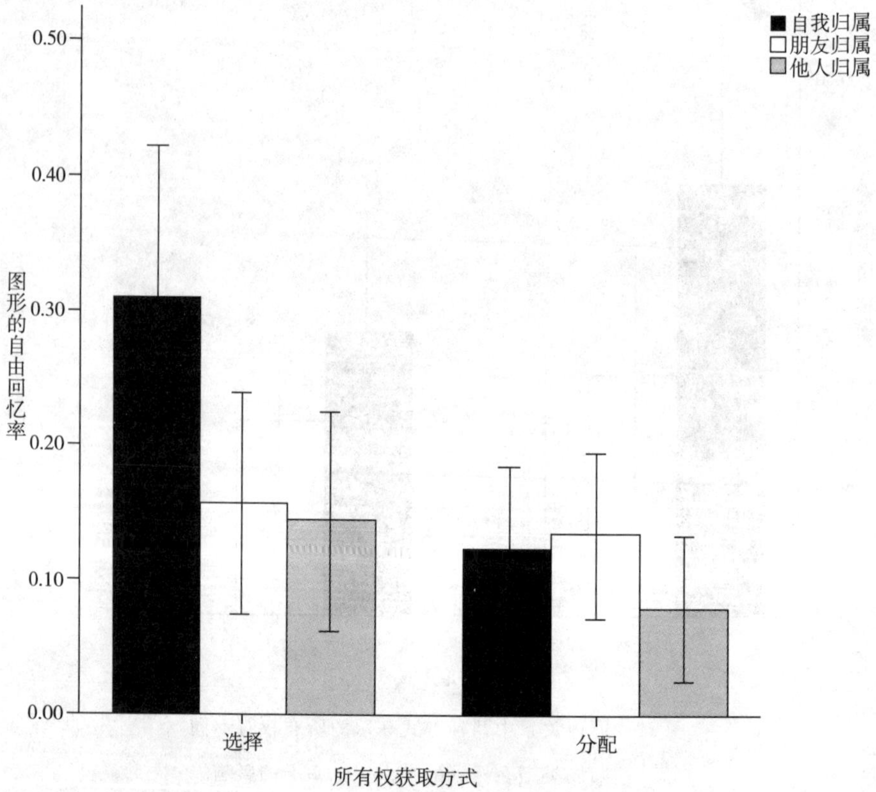

图 23　同伴关系中两种所有权获取方式对不同归属类型在图形的自由回忆成绩上的影响

4.2.3.2　同伴关系中不同方式获取的所有权对儿童再认成绩的影响

鉴于已有研究表明与个体的亲密度会对与自我相关的记忆成绩产生影

响(夏瑞雪等，2015；周丽、苏彦捷，2008)，本应将亲密度作为协变量纳入统计分析，但由于儿童受指导语的暗示，要求选择与自己关系最好的朋友，儿童被试将“最亲密的”与“最好的”混为一谈，所有被试的亲密度问卷得分都是4分。因此，作为协变量的亲密度的作用可不予考虑，对总的再认率、标签的再认率以及图形的再认率将采用2(所有权获取方式：选择、分配)×3(归属类型：自我、朋友、他人)的两因素重复测量方差分析进行统计检验。各变量的具体测量值如表12所示。

表12　两种方式获取的所有权在同伴关系卷入中三种再认率的描述统计(*M*±*SD*)

	选择			分配		
	自我归属	母亲归属	他人归属	自我归属	母亲归属	他人归属
总的再认率	0.653±0.031	0.577±0.028	0.595±0.039	0.583±0.029	0.521±0.026	0.490±0.036
标签的再认率	0.750±0.049	0.798±0.047	0.762±0.053	0.781±0.045	0.708±0.044	0.583±0.050
图形的再认率	0.536±0.061	0.357±0.052	0.429±0.059	0.385±0.057	0.333±0.049	0.396±0.055

在总的再认率指标上，归属类型的主效应显著，$F(2,116)=3.781$，$p<0.05$，$\eta_p^2=0.061$，*LSD*事后多重比较检验发现，自我归属类型下总的再认成绩显著高于朋友归属类型下总的再认成绩($p<0.05$)，自我归属类型下总的再认成绩显著高于他人归属类型下总的再认成绩($p<0.05$)，朋友归属类型下总的再认成绩与他人归属类型下总的再认成绩无显著差异($p>0.05$)。所有权获取方式的主效应也显著，$F(1,58)=5.794$，$p<0.05$，$\eta_p^2=0.091$，选择方式获取的所有权下的再认成绩显著高于分配方式获取的所有权下总的再认成绩；所有权获取方式与归属类型两者之间的交互作用不显著，$F(2,116)=0.471$，$p>0.05$。具体结果如图24所示。

在标签的再认率指标上，归属类型的主效应边缘显著，$F(2,116)=2.804$，$p=0.05$，$\eta_p^2=0.046$，*LSD*事后多重比较检验发现，自我归属类型下标签的再认成绩与朋友归属类型下标签的再认成绩无显著差异($p>0.05$)，并且两者均高于他人归属类型下标签的再认成绩($p<0.05$)。所有权获取方

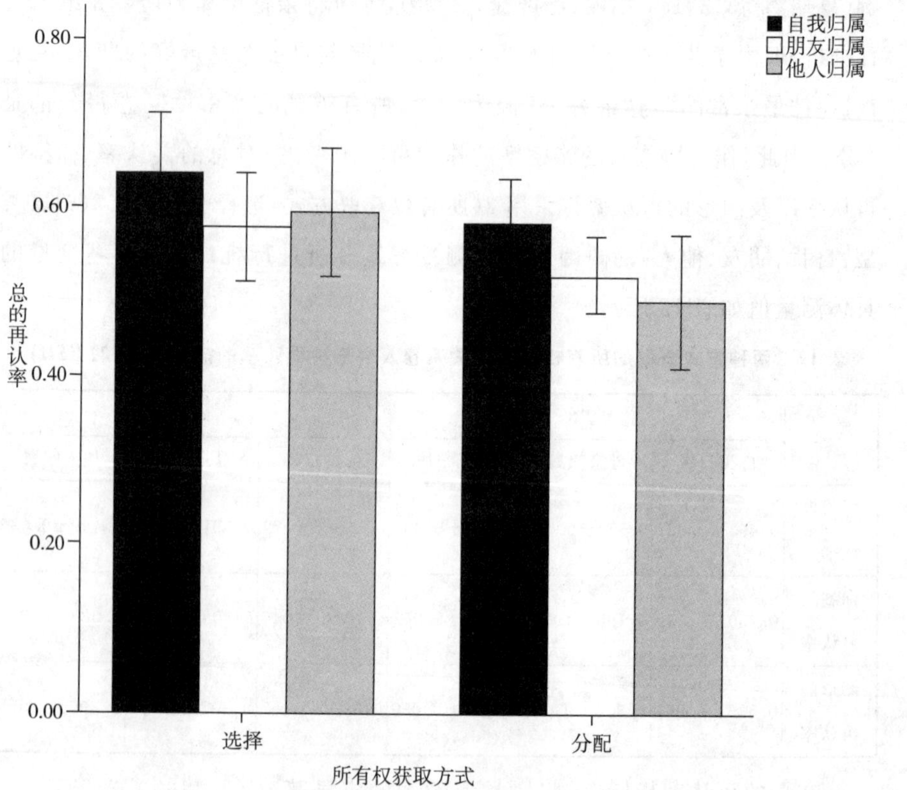

图 24　同伴关系中两种方式获取的所有权对不同归属类型在总的再认成绩上的影响

式的主效应边缘显著，$F(1,58)=2.810$，$p=0.099$，$\eta_p^2=0.046$，基于选择方式获取的所有权下标签的再认成绩显著高于基于分配方式获取的所有权下标签的再认成绩。所有权获取方式与归属类型两者之间的交互作用边缘显著，$F(2,116)=3.055$，$p=0.051$，$\eta_p^2=0.050$，简单效应分析后发现，对于分配方式获取的所有权，三种归属类型下标签的再认成绩差异显著，$F(2,116)=5.920$，$p<0.05$，自我归属类型下标签的再认成绩与朋友归属类型下标签的再认成绩无显著差异[$t(31)=1.191$，$p>0.05$]，自我归属类型下标签的再认成绩显著高于他人归属类型下标签的再认成绩[$t(31)=3.045$，$p<0.05$]，朋友归属类型下标签的再认成绩显著高于他人归属类型下标签的再认成绩[$t(31)=2.175$，$p<0.05$]；对于选择方式获取的所有权，三种归属类型下标

签的再认率差异不显著,$F(2,116)=0.320$,$p>0.05$。具体结果如图 25 所示。

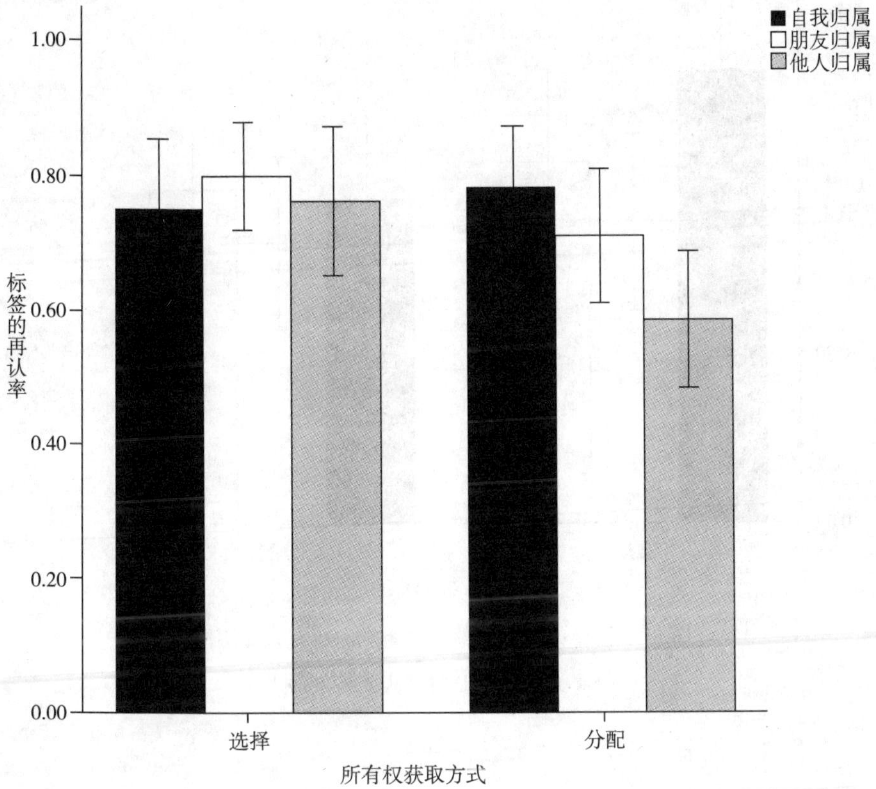

图 25　同伴关系中两种方式获取的所有权对不同归属类型在标签的再认率上的影响

在图形的再认率指标上,归属类型的主效应显著,$F(2,116)=3.109$,$p<0.05$,$\eta_p^2=0.051$,*LSD* 事后多重比较检验发现,自我归属类型下图形的再认成绩显著高于朋友归属类型下图形的再认成绩($p<0.05$),自我归属类型下图形的再认成绩与他人归属类型下图形的再认成绩无显著差异($p>0.05$),朋友归属类型下图形的再认成绩与他人归属类型下图形的再认成绩无显著差异($p>0.05$)。所有权获取方式的主效应不显著,$F(1,58)=1.424$,$p>0.05$;所有权获取方式与归属类型两者之间的交互作用不显著,$F(2,116)=1.155$,$p>0.05$。具体结果如图 26 所示。

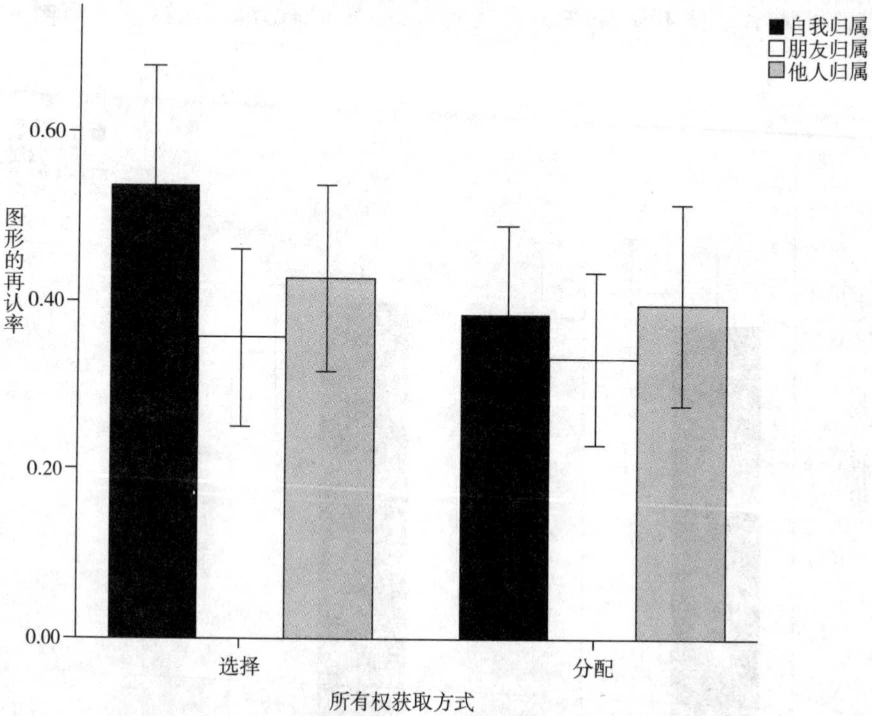

图 26　同伴关系中两种方式获取的所有权对不同归属类型在图形的再认成绩上的影响

4.2.4　讨论

实验四在实验三的基础上将母亲替换成朋友，以总的自由回忆率与标签的自由回忆率为因变量时，发现自我归属类型和朋友归属类型下的学习成绩显著高于他人归属类型下的学习成绩，自我归属类型下的学习成绩也显著高于朋友归属类型下的学习成绩，实验结果支持了研究二假设 3 的同时，表现出明显的自我—所有权效应和朋友—所有权效应，以及自我—所有权效应的学习成绩优于朋友—所有权效应的学习成绩，说明将同伴关系卷入儿童学习过程中的学习效果不如自我卷入好，但也有利于提高儿童的学习成绩，与前人在记忆领域的研究一致（吴慧芬、周爱保，2013；袁中星，2007）。而对于以图形的自由回忆率为因变量指标时，对于选择方式获取的所有权，自我归属类型下的学习成绩显著高于朋友归属和他人归属类型下的学习成绩，而朋友归属与他人归属类型下的学习成绩无显著差异，表现出明显的记忆的自我—所有权效应;对于分配方式获取的所有权之间则不存在显著差异。笔者认为由于让儿童自由回忆图形具有一定难度使学习成绩出现了地板效应从而没有敏感地反映实验的处理效应。此外,三种因变量指标下选择方式获取的所有权下自由回忆成绩均显著高于分配方式获取的所有权下的自由回忆成绩,再次验证了研究二假设 4 和实验三的结论,支持了所有权效应是基于自我选择的发生机制(Cunningham 等,2011;Cunningham 等,2008)。

以总的再认率、图形的再认率以及分配方式获取的所有权下标签的再认率为因变量指标时发现:自我归属类型下的学习成绩显著高于朋友归属类型和他人归属类型下的学习成绩,而朋友归属与他人归属类型下无显著差异,结果仍表现出显著的记忆的自我—所有权效应,说明在所有权学习过程中自我归属有助于提高儿童的学习成绩,研究二假设 4 没有得到完整的支持。当个体与交往性他人之间的实际亲密度高时,他人对于个体的工具性价值也越高,也就意味着他人对个体越重要,所以实验三中出现的自我—所有权效应与母亲—所有权效应具有同样的记忆优势,而实验四以自由回忆为因变量指标发现自我—所有权效应优于朋友—所有权效应的记忆优势。但是,实验四中以再认为因变量指标时的结果并非如上所述,对此,笔者认为有两种可能:首先,根据许烺光的观点,交互性他人的亲密度可能会对儿童将朋友等交互性他人包含到自我结构中造成影响。本研究尽管测量了儿童与朋友的亲密度,但由于儿童将“最好的”与“亲密度高”概念混淆从而使测量结果并没有反映真实亲密度,进一步说明儿童与其朋友的亲密关系在同伴关系卷入儿童学习过程中对提高儿童的学习成绩可能起调节作用;其次,研究一发现作为标签的实验材料是由两个常见汉字组成的假词,而用于学习阶段与再认阶段作为实验材料的假词的两个汉字互不重叠,在学习阶段只要记住假词中一个汉字都可能迁移到再认阶段,从而造成了标签的再认率出现了天花板效应。再加之自我选择的背景进一步激活了更多的注意资源,尽管在各种归属类型分配不均衡,但足以加工处理各种归属类型下的信息,从而没有敏感地反映实验处理的差异。从总体来看,选择方式获取的所有权下再认成绩均显著高于分配方式获取的所有权下再认成绩,再次验证了研究二假设 4 和实验三的结论，支持了所有权效应自我选择发生的机制(Cunningham 等，2011；Cunningham 等，2008)，说明同伴关系卷入条件下，基于选择的所有权方式更有利于提高儿童的学习成绩。

4.2.5 结论

(1)在以自由回忆成绩为因变量条件下，朋友归属有利于提高儿童的学习成绩，但不如自我归属时效果好；在以再认成绩为因变量条件下，朋友归属对儿童的学习成绩没有产生影响，但自我归属仍有利于提高儿童的学习成绩。

(2)无论是以自由回忆成绩还是以再认成绩为因变量，在同伴关系卷入后，基于选择方式获取的所有权的学习成绩显著高于基于分配方式获取的所有权的学习成绩，进一步说明自我选择的过程更有利于提高儿童的学习成绩。

4.3 实验五：不同方式获取的所有权中师生关系卷入对儿童学习效果的影响

本研究目的之一是基于长期受互依型文化影响的中国儿童，探讨将老师作为关系他人卷入儿童所有权教学过程中对儿童学习效果的影响；研究目的之二是在老师卷入的情况下，考察两种方式获取的所有权对儿童学习效果影响的差异。

4.3.1 研究假设

研究二假设 5：无论是以自由回忆测验成绩还是以再认测验成绩为因变量指标，在影响儿童学习成绩的因素中归属类型的主效应显著，自我归属类型下的学习成绩显著高于老师归属类型下和他人归属类型下的学习成绩，老师归属类型下的学习成绩显著高于他人归属类型下的学习成绩。

研究二假设 6：无论是以自由回忆测验成绩还是以再认测验成绩为因变量指标，所有权获取方式的主效应显著，基于选择方式获取的所有权的学习成绩显著高于基于分配方式获取的所有权的学习成绩。

4.3.2 研究方法

4.3.2.1 实验设计

采用2(所有权获取方式:选择、分配)×3(归属类型:自我、老师、他人)的两因素混合实验设计,其中所有权获取方式为组间变量,归属类型为组内变量,因变量为被试的自由回忆正确率与再认正确率。

4.3.2.2 研究对象

采用随机整群抽样方法,选取湖北省孝感市某小学3年级儿童106名,平均年龄8.47岁,因变量为自由回忆条件下共55人,选择组男生13名、女生15名,分配组男生14名、女生13名,对于因变量为再认条件下共51人,选择组男生15名、女生12名,分配组男生12名、女生12名。

4.3.2.3 实验材料与工具

同实验三。

4.3.2.4 实验程序

学习阶段:

基于选择方式获取的所有权:将实验三中的母亲替换成自己心目中最好的老师,其他同实验三。

基于分配方式获取的所有权:将实验三中的母亲替换成自己心目中最好的老师,其他同实验三。

测试阶段:

同研究一。

4.3.3 实验结果

4.3.3.1 师生关系中不同的所有权获取方式对儿童自由回忆成绩的影响

鉴于已有研究表明与个体的亲密度会对与自我相关的记忆成绩产生影响(夏瑞雪等, 2015; 周丽、苏彦捷, 2008),本应将亲密度作为协变量纳入统计分析,但由于儿童受指导语的暗示,要求选择自己心目中最好的老师,儿童被试将“最亲密的”与“最好的”混为一谈,所有被试的亲密度问卷得分都是

4 分。因此，作为协变量的亲密度的作用可不予考虑，对总的自由率、标签的自由回忆率以及图形的自由回忆率将采用 2(所有权获取方式：选择、分配)×3(归属类型：自我、老师、他人)的两因素重复测量方差分析进行统计检验。各变量的具体测量值如表 13 所示。

表 13　两种方式获取的所有权在师生关系卷入中三种自由回忆率的描述统计(*M*±*SD*)

	选择			分配		
	自我归属	老师归属	他人归属	自我归属	老师归属	他人归属
总的自由回忆率	0.333±0.038	0.185±0.032	0.167±0.029	0.179±0.038	0.099±0.033	0.111±0.029
标签的自由回忆率	0.310±0.054	0.179±0.049	0.214±0.037	0.272±0.054	0.123±0.049	0.099±0.037
图形的自由回忆率	0.357±0.053	0.190±0.044	0.119±0.039	0.086±0.054	0.074±0.045	0.123±0.040

在总的自由回忆率指标上，归属类型的主效应显著，$F(2,106)=7.373$，$p<0.05$，$\eta_p^2=0.122$，*LSD* 事后多重比较检验发现，自我归属类型下总的自由回忆成绩显著高于老师归属类型下($p<0.05$)和他人归属类型下($p<0.05$)总的自由回忆成绩，老师归属类型下总的自由回忆成绩与他人归属类型下总的自由回忆成绩无显著差异($p>0.05$)。所有权获取方式的主效应也显著，$F(1,53)=16.065$，$p<0.001$，$\eta_p^2=0.233$，选择方式获取的所有权中总的自由回忆成绩显著高于分配方式获取的所有权中总的自由回忆成绩；所有权获取方式与归属类型两者之间的交互作用不显著，$F(2,106)=1.054$，$p>0.05$。具体结果如图 27 所示。

在标签的自由回忆率指标上，归属类型的主效应显著，$F(2,106)=5.390$，$p<0.05$，$\eta_p^2=0.092$。*LSD* 事后多重比较检验发现，自我归属类型下标签的自由回忆成绩显著高于老师归属类型下($p<0.05$)以及他人归属类型下($p<0.05$)标签的自由回忆成绩，老师归属类型下标签的自由回忆成绩与他人归属类型下标签的自由回忆成绩无显著差异($p>0.05$)。所有权获取方式的主效应边缘显著，$F(1,53)=3.591$，$p=0.064$，$\eta_p^2=0.063$，选择方式获取的所有权下标签的自由回忆成绩显著高于分配方式获取的所有权下标签

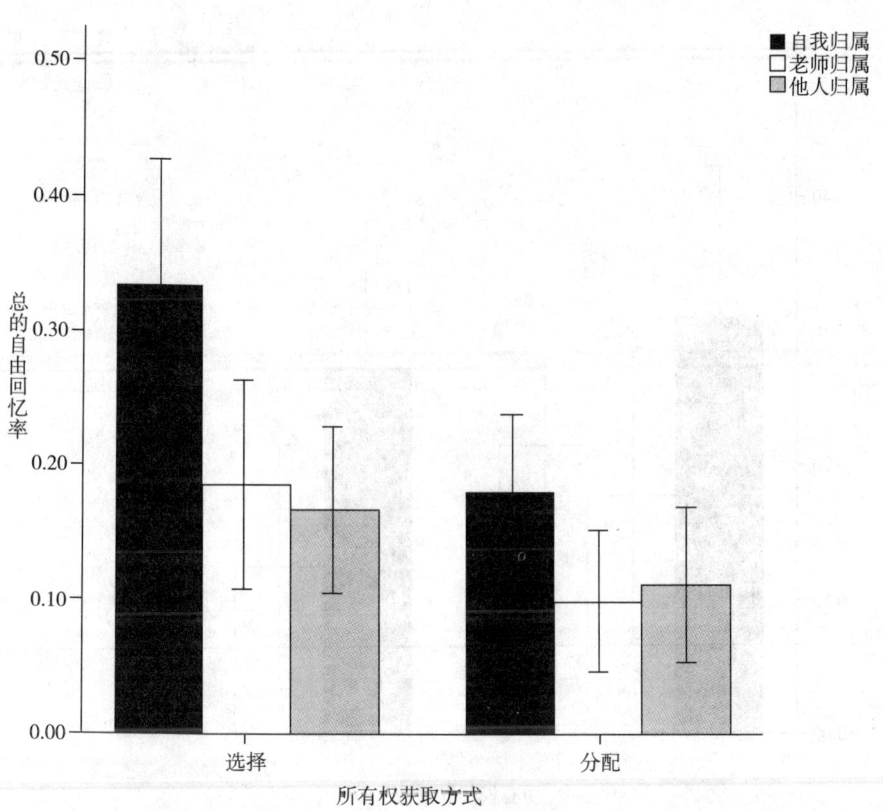

图 27　师生关系中两种方式获取的所有权对不同归属在总的自由回忆成绩上的影响

的自由回忆成绩;所有权获取方式与归属类型两者之间的交互作用不显著,$F(2,106)=0.358, p>0.05, \eta_p^2=0.007$。具体结果如图 28 所示。

在图形的自由回忆率指标上,归属类型的主效应显著,$F(2,106)=3.222, p<0.05, \eta_p^2=0.077$,LSD 事后多重比较检验发现,自我归属类型下图形的自由回忆成绩显著高于老师归属类型下($p<0.05$)以及他人归属类型下($p<0.05$)图形的自由回忆成绩,老师归属类型下图形的自由回忆成绩与他人归属类型下图形的自由回忆成绩无显著差异($p>0.05$)。所有权获取方式的主效应显著,$F(1,53)=9.470, p<0.05, \eta_p^2=0.152$,选择方式获取的所有权下图形的自由回忆成绩显著高于分配方式获取的所有权下图形的自由回忆成绩。所有权获取方式与归属类型两者之间的交互作用显著,$F(2,106)=2.965, p<0.05, \eta_p^2=0.087$,简单效应分析后发现,对于选择方式获取的所

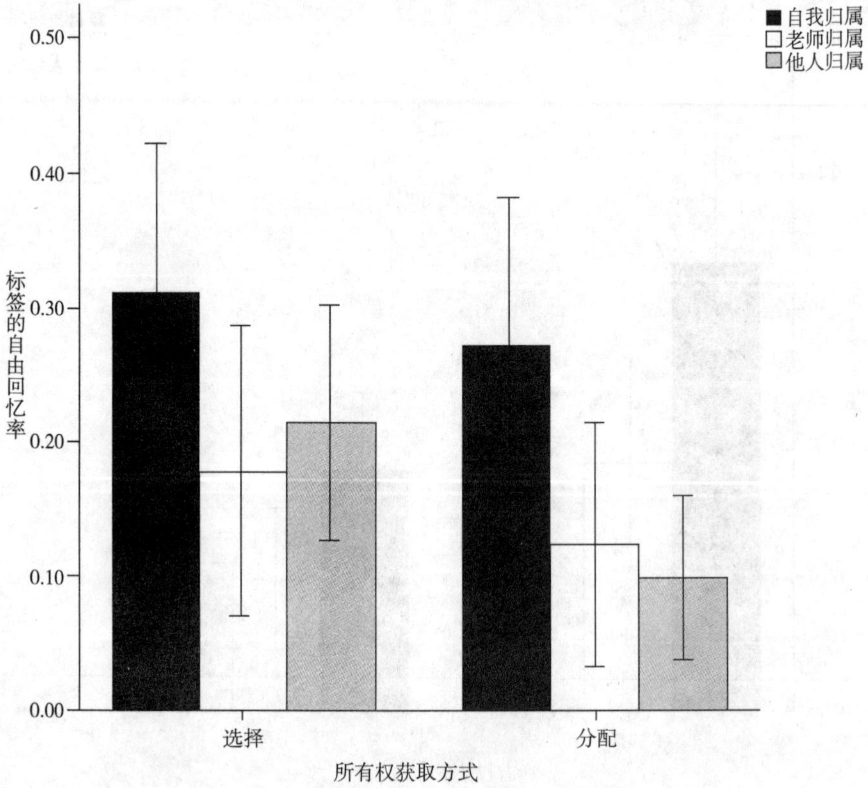

图 28　师生关系中两种方式获取的所有权对不同归属类型在标签的自由回忆率上的影响

有权，三种归属类型下图形的自由回忆成绩差异显著，$F(2,106)=8.060$，$p<0.05$，自我归属类型下图形的自由回忆成绩边缘显著高于老师归属类型下图形的自由回忆成绩[$t(27)=1.925$，$p=0.065$]，同时显著高于他人归属类型下图形的自由回忆成绩[$t(27)=3.382$，$p<0.05$]，老师归属类型下图形的自由回忆成绩与他人归属类型下图形的自由成绩无显著差异[$t(27)=1.362$，$p>0.05$]；对于分配方式获取的所有权，三种归属类型下图形的自由回忆率差异不显著，$F(2,106)=0.340$，$p>0.05$。具体结果如图 29 所示。

4.3.3.2　师生关系中不同方式获取的所有权对儿童再认成绩的影响

鉴于已有研究表明与个体的亲密度会对与自我相关的记忆成绩产生影响（夏瑞雪等，2015；周丽、苏彦捷，2008），本应将亲密度作为协变量纳入统

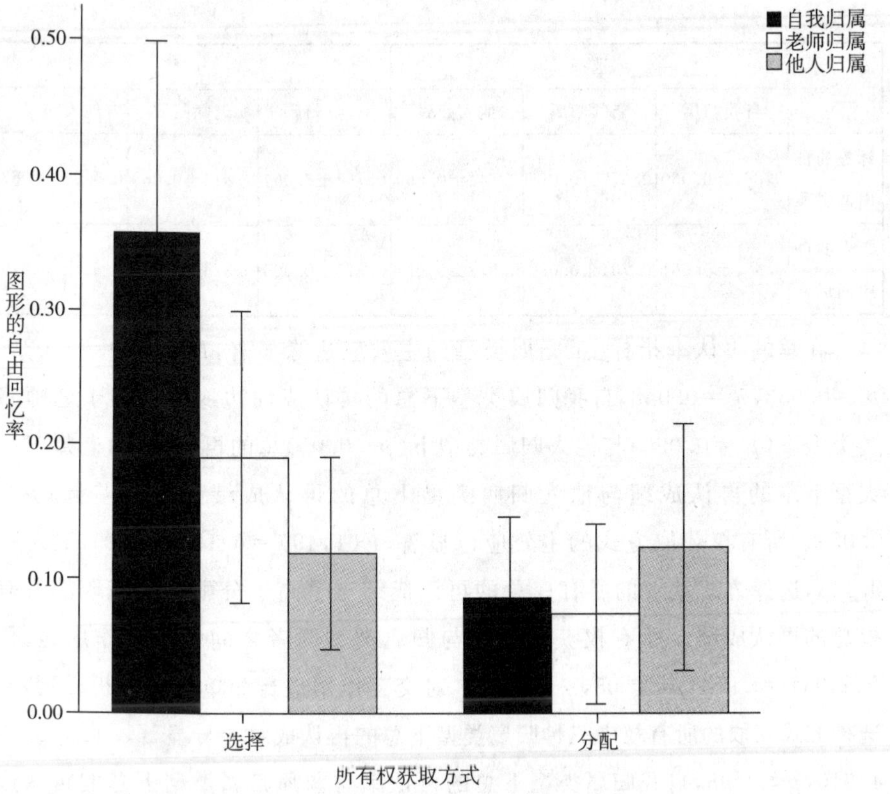

图 29　师生关系中两种方式获取的所有权对不同归属类型在图形的自由回忆率上的影响

计分析，但由于儿童受指导语的暗示，要求选择自己心目中最好的老师，儿童被试将“最亲密的”与“最好的”混为一谈，所有被试的亲密度问卷得分都是 4 分。因此，作为协变量的亲密度的作用可不予考虑，对总的再认率、标签的再认率以及图形的再认率将采用 2（所有权获取方式：选择、分配）×3（归属类型：自我、老师、他人）的两因素重复测量方差分析进行统检验。各变量的具体测量值如表 14 所示。

表 14　两种方式获取的所有权在师生关系卷入中三种再认率的描述统计（*M*±*SD*）

	选择			分配		
	自我归属	老师归属	他人归属	自我归属	老师归属	他人归属
总的自由回忆率	0.660±0.035	0.691±0.050	0.537±0.044	0.583±0.037	0.444±0.053	0.521±0.046

续表

	选择			分配		
	自我归属	老师归属	他人归属	自我归属	老师归属	他人归属
标签的自由回忆率	0.864±0.060	0.679±0.065	0.741±0.060	0.764±0.064	0.514±0.069	0.514±0.063
图形的自由回忆率	0.457±0.061	0.704±0.090	0.333±0.074	0.375±0.065	0.375±0.096	0.528±0.079

在总的再认率指标上，归属类型的主效应边缘显著，$F(2,98)=3.022$，$p=0.053$，$\eta_p^2=0.058$，自我归属类型下总的再认成绩边缘显著高于老师归属类型下（$p=0.090$）与他人归属类型下（$p<0.05$）总的再认成绩，老师归属类型下总的再认成绩与他人归属类型下总的再认成绩无显著差异（$p>0.05$）。所有权获取方式的主效应也显著，$F(1,49)=6.194$，$p<0.05$，$\eta_p^2=0.112$，选择方式获取的所有权总的再认成绩显著高于分配方式获取的所有权总的再认成绩。所有权获取方式与归属类型两者之间的交互作用显著，$F(2,98)=4.954$，$p<0.05$，$\eta_p^2=0.092$，对交互作用进行简单效应分析发现，在选择方式获取的所有权中三种归属类型下总的再认成绩差异显著，$F(2,98)=4.910$，$p<0.05$，自我归属类型下总的再认率与老师归属类型下总的再认成绩无显著差异[$t(26)=-0.795$，$p>0.05$]；自我归属类型下总的再认成绩显著高于他人归属类型下总的再认成绩[$t(26)=2.857$，$p<0.005$]，老师归属类型下总的再认成绩也显著高于他人归属类型下总的再认成绩[$t(26)=2.588$，$p<0.05$]。在分配方式获取的所有权中三种归属类型下总的再认成绩差异也显著，$F(2,98)=3.170$，$p<0.05$，自我归属类型下总的再认成绩显著高于老师归属类型下总的再认成绩[$t(26)=2.788$，$p<0.05$]；自我归属类型下总的再认成绩与他人归属类型下总的再认成绩无显著差异[$t(26)=0.931$，$p>0.05$]，老师归属类型下总的再认成绩与他人属条件下总的再认成绩无显著差异[$t(26)=-1.252$，$p>0.05$]，具体结果如图 30 所示。

在标签的再认率指标上，归属类型的主效应显著，$F(2,98)=10.192$，$p<0.001$，$\eta_p^2=0.171$，*LSD* 事后多重比较检验发现，自我归属类型下标签的再认成绩显著高于老师归属类型下（$p<0.05$）以及他人归属类型下（$p<0.05$）标签的再认成绩，老师归属类型下标签的再认成绩与他人归属类型下

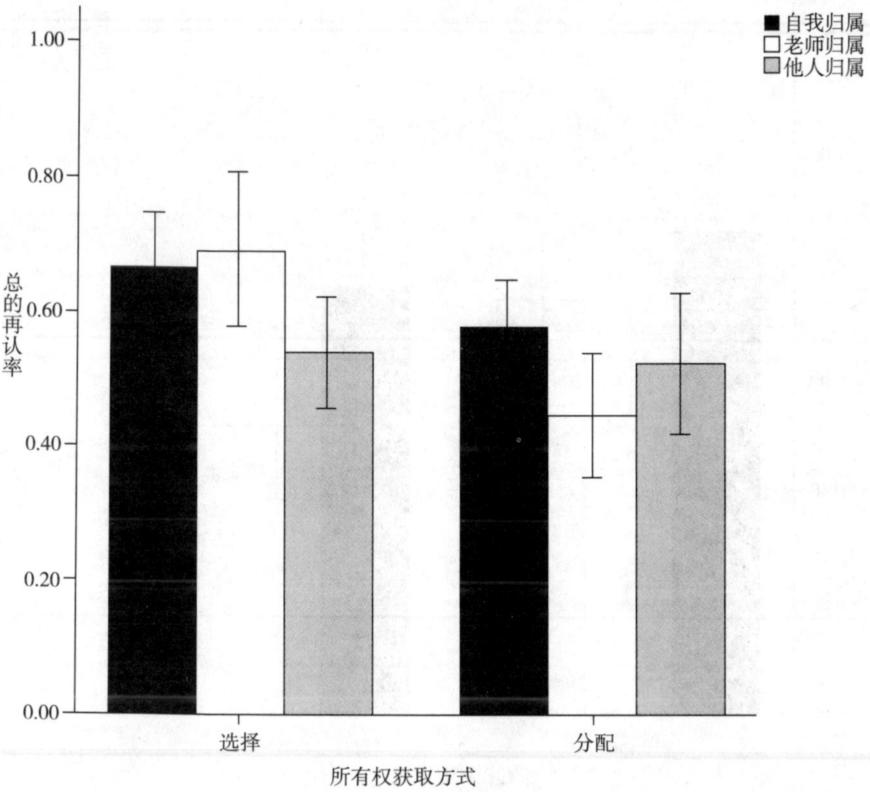

图 30　师生关系中两种方式获取的所有权对不同归属类型在总的再认率上的影响

标签的再认成绩无显著差异($p>0.05$)。所有权获取方式的主效应显著,$F(1,49)=5.981$,$p<0.05$,$\eta_p^2=0.109$,选择方式获取的所有权中标签的再认成绩显著高于分配方式获取的所有权中标签的再认成绩。所有权获取方式与归属类型两者之间的交互作用不显著,$F(2,98)=0.731$,$p>0.05$。具体结果如图 31 所示。

在图形的再认率指标上,归属类型的主效应不显著,$F(2,98)=1.911$,$p>0.05$。所有权获取方式的主效应不显著,$F(1,49)=0.860$,$p>0.05$。所有权获取方式与归属类型两者之间的交互作用显著,$F(2,98)=7.195$,$p<0.05$,$\eta_p^2=0.128$,简单效应分析后发现,对于选择方式获取的所有权中三种归属类型下图形的再认成绩差异显著,$F(2,98)=7.940$,$p<0.05$,老师归属类型下图形的再认率显著高于自我归属类型下图形的再认率[$t(26)=$

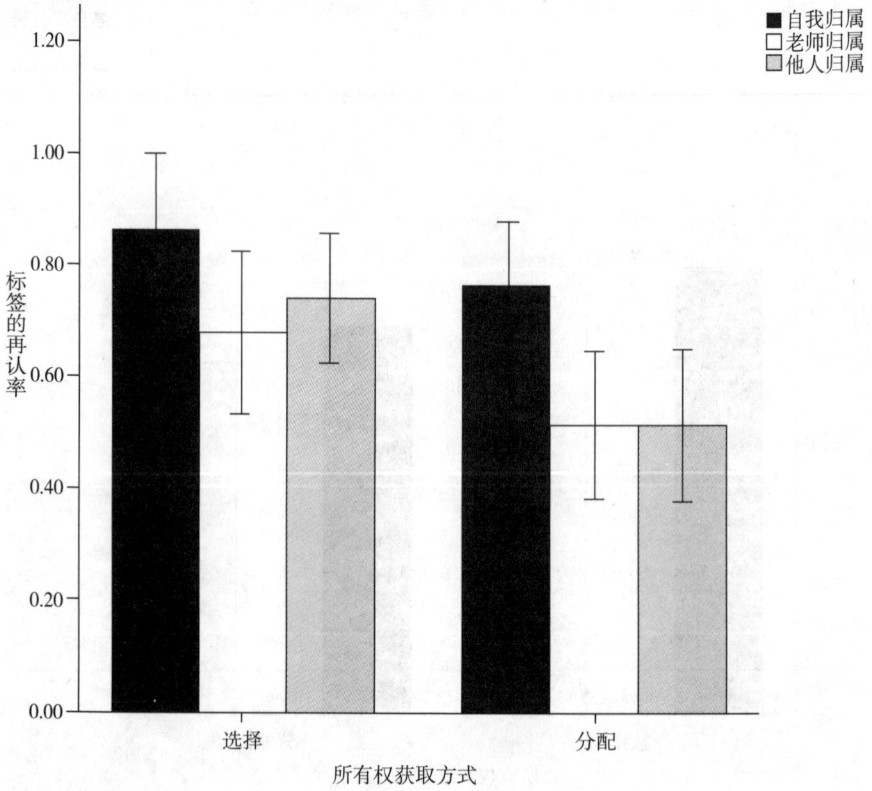

图 31　师生关系中两种方式获取的所有权对不同归属类型在标签的再认率上的影响

$-3.058, p<0.05$]，自我归属类型下图形的再认率显著高于他人归属类型下图形的再认率[$t(26)=1.783, p<0.05$]，老师归属类型下图形的再认率显著高于他人归属类型下图形的再认率[$t(26)=3.407, p<0.05$]。对于分配方式获取的所有权，三种归属类型下图形的再认差异不显著，$F(2,98)=1.540$，$p>0.05$。具体结果如图 32 所示。

4.3.4　讨论

实验五将师生关系卷入儿童的所有权学习中，以自由回忆率的三种指标作为因变量，发现自我归属类型下的学习成绩显著高于老师归属类型下的学习成绩与他人归属类型下的学习成绩，结果出现了记忆的自我—所有权效应，说明在所有权学习过程中自我的卷入更有利于提高儿童的学习成绩。但

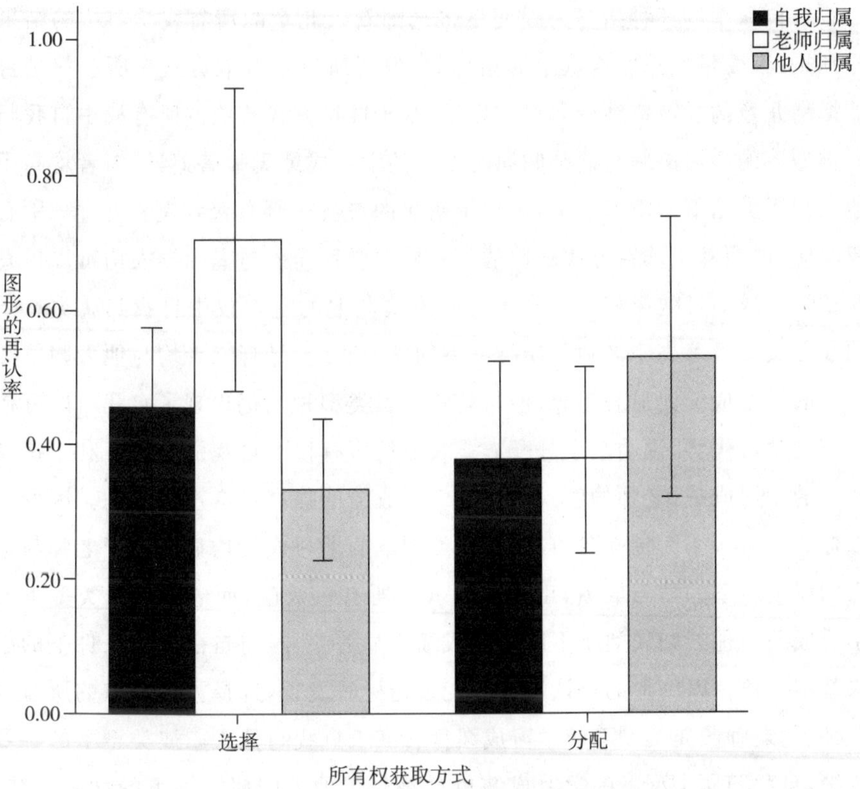

图 32　师生关系中两种方式获取的所有权对不同归属类型在图形的再认率上的影响

老师归属类型下的学习成绩与他人归属类型下的学习成绩无显著差异，说明老师卷入对儿童的学习成绩的提高没有产生影响，研究二假设 5 并没有完全被实验结果所验证。对此笔者有两点解释：首先，根据自我扩展模型的观点，人类会自发地寻求和维持与他人的亲密关系，将亲密关系中另一方纳入自己的自我体系而实现自身的丰富与扩展(Aron, 2004)，从而出现了自我包括母亲、朋友等相对重要的他人，而老师作为儿童生命中的重要他人，其重要性还不足以成为自我扩展的一部分；其次，本研究尽管采用了亲密度问卷，但由于儿童可能将“心目中最喜欢的老师”与“高亲密度”混淆，导致没有更好地排除亲密程度对实验结果的影响。此外，在老师卷入的条件下以自由回忆成绩为因变量，选择方式获取的所有权相对于分配方式获取的所有权更有利于提高儿童的学习成绩，这一结果支持了研究二假设 6。

以再认率的三种指标为因变量将老师卷入儿童的所有权学习中的结果分别是：因变量以总的再认率为指标时，发现所有权获取方式在所有权是否能提高儿童的学习成绩中起调节作用，基于选择方式获取的所有权中自我归属类型下的学习成绩与老师归属类型下的学习成绩无显著差异，二者均高于他人归属类型下的学习成绩，出现了明显的自我—所有权效应和老师—所有权效应，说明基于选择方式获取的所有权中自我卷入与老师卷入均可以提高儿童学习成绩且效果相当。基于分配方式获取的所有权中自我归属类型下的学习成绩显著高于老师归属类型下的学习成绩，尽管二者均与他人归属类型下的学习成绩无显著差异，但与老师归属类型相比仍出现了自我—所有权效应的学习优势，说明基于分配方式获取的所有权下自我的卷入有利于提高儿童的学习成绩，老师的卷入对儿童学习成绩的提高没有产生影响。因变量以标签的再认率为指标时，自我归属类型下的学习成绩均显著高于老师与他人归属类型下的学习成绩，出现了自我—所有权效应，而老师归属类型下的学习成绩与他人归属类型下的学习成绩无显著差异，与自由回忆条件下的结果基本一致。以图形的再认率为因变量指标时发现，选择方式获取的所有权条件下，老师归属类型下的学习成绩显著高于自我与他人归属类型下的学习成绩，自我归属类型下的学习成绩也显著高于他人归属类型下的学习成绩，结果表明出现了自我—所有权效应与老师—所有权效应。而分配方式获取的所有权条件下三种归属类型之间的差异不显著。从总体来看，以再认成绩为因变量在基于选择的所有权方式下发现老师卷入儿童所有权教学过程有利于儿童学习成绩，但自我—所有权效应贯穿着整个研究，老师是否作为自我扩展的一部分，能否将老师这一角色纳入儿童自我结构中从而激发更多的注意资源提高儿童的学习成绩，需要考虑儿童与老师的亲密程度，这有待于未来研究进一步验证。此外，在老师卷入的条件下以总的再认成绩和标签的再认成绩为因变量，选择方式获取的所有权相对于分配方式获取的所有权同样更有利于提高儿童的学习成绩，这一结果支持了研究二假设6。

4.3.5 结论

(1)在以自由回忆成绩为因变量条件下，自我归属有利于提高儿童的学习成绩，老师归属对儿童学习成绩的提高没有产生影响；在以再认成绩为因变量条件下,所有权获取方式在所有权教学对儿童的学习成绩的影响中起调节作用:基于选择方式获取的所有权中自我归属与老师归属均可以提高儿童的学习成绩且效果相当,而基于分配方式获取的所有权中自我归属有利于提高儿童的学习成绩,老师归属对儿童学习成绩的提高没有产生影响。

(2)无论是以自由回忆成绩还是以再认成绩为因变量,在师生关系卷入后,基于选择方式获取的所有权的学习成绩显著高于基于分配方式获取的所有权的学习成绩,更进一步说明自我选择的过程更有利于提高儿童的学习成绩。

5　研究三：关系他人卷入所有权分配和归属对儿童学习效果的影响

在基于选择方式获取的所有权中要求儿童为他们自己的任务做出选择，通过引入强有力的个人选择增强了记忆，潜在地提高了所有权效应（Cunningham 等，2011；Katz、Assor，2007；Patall 等，2008）。然而，在教育背景下使用选择可能会有以下几点不足：首先，儿童可能将具有吸引力或有意义的物品选择给他们自己，并且这些物品可能在记忆中已经存在诸如熟悉或积极情绪的加工偏差（Ashby、Isen、Turken，1999；Epstein、Rock、Zuckerman，1960；Ledoux，1994）。如果儿童被学习材料本身具备的特征所吸引，那么很难保证儿童学习成绩的提高是由自我加工偏差引起的。其次，尽管一些研究已证明了选择对儿童的学习能产生积极的影响（Reeve、Nix、Hamm，2003），但有些研究也指出在儿童感觉能力不足的教育任务中，提供选择并不总是有利于提高儿童的学习成绩，也许他们会认为自己是失败的根源（Katz、Assor，2007）。最后，在现实教学过程中学生自主选择并不能广泛地运用于各种教学情境，因为老师通常有必要确定要学习的内容，而不是让学生来推动这个过程。给予学习促进者（如老师、朋友，母亲）所有权的选择机会（分配学习任务的权力），能使学生所学习的内容在学生的最近发展区内，会更有利于促进儿童学习的进程，而不是被儿童的独立选择所约束。出于这些原因的考虑，基于分配方式获取的所有权比基于选择方式获取的所有权在现实教学活动中适用性更强，生态化效度也更好。

那么，在基于分配的所有权教学情境中，“谁来分配”是否会对不同关系他人归属类型下儿童的学习效果产生影响呢？特别对于互依型文化背景中成长起来的中国儿童,母亲、同伴以及老师等关系他人分配学习任务是否会对关系他人归属类型下的学习成绩产生影响呢?研究一探讨了基于分配的所有权范式能有效地运用于儿童学习过程中提高儿童的学习成绩;研究二探究了对于中国儿童,在不同方式获取的所有权背景下关系他人归属类型均能提高儿童的学习成绩;研究三则试图进一步探讨不同关系他人分配学习任务的所有权教学情境中,不同关系他人归属类型下儿童学习效果的差异,即在所有权的教学情境中分别在母亲、朋友和老师分配学习任务情况下,不同关系他人归属类型下儿童的学习成绩是否会存在差异,这一问题的探讨对所有权的教学情境有效地应用于儿童学习过程中有重要的指导意义。

本研究将启动不同关系他人分配条件,探讨自我归属类型、母亲归属类型、老师归属类型、朋友归属类型以及他人归属类型下的学习成绩的差异,鉴于前两个研究在三种归属类型下的自由回忆成绩得分较低以及认知负荷得分较高,并且前两个研究中测验方式并没有对儿童的所有权学习的效果产生较大的影响,以及以假词作为标签会受迁移效应的影响造成实验处理效应不明显。因此,在本研究中我们只采用总的再认成绩为因变量指标探讨在所有权的教学情境中不同关系他人分配学习任务时,不同关系他人归属类型下儿童学习成绩的差异。

5.1 实验六:母亲分配条件下不同关系他人归属对儿童学习效果的影响

本研究的目的:考察在所有权的教学情境中由母亲分配学习任务时,不同关系他人归属类型下儿童学习成绩的差异;探究在母亲分配学习任务的所有权教学情境中,母亲归属类型下的学习成绩相对于其他关系他人归属类型下的学习成绩会更好,说明在母亲分配任务的所有权教学情境中母亲作为关系他人卷入更有利于提高儿童的学习成绩。

5.1.1 研究假设

研究三假设1:在母亲分配学习任务的所有权教学情境中,自我归属类型、母亲归属类型、朋友归属类型、老师归属类型下的学习成绩均显著高于他人归属类型下的学习成绩。

研究三假设2：自我归属与母亲归属类型下学生的学习成绩无显著差异，但两者均显著高于老师与朋友归属类型下的学习成绩。

5.1.2 研究方法

5.1.2.1 实验设计

采用5水平单因素(归属类型：自我、母亲、朋友、老师、陌生他人)组内实验设计，因变量为被试的正确再认率。

5.2.2.2 研究对象

采用随机整群抽样方法，选取湖北省孝感市某小学3年级儿童35名，平均年龄8.22岁，其中男生18名、女生17名。

5.1.2.3 实验材料与工具

同实验一。

5.1.2.4 实验程序

学习阶段：桌子上有5个不同颜色的篮子和15张卡片(每张卡片都是正面朝上并且用一种颜色标记，一共5种颜色将卡片分成5组，每组3张卡片，相同颜色的3张卡片不能放在一起)。被试被告知他们将玩一个游戏，在游戏中他们必须根据自己母亲的要求把15张卡片依次分类到他们面前的5个篮子中(告知儿童，他们的母亲事先将5个篮子分别指定给孩子自己、母亲、朋友、老师以及主试)，例如母亲要求把具有红点标记的卡片分配到儿童自己的篮子里，具有黄点标记的卡片将分配给母亲自己的篮子里，具有绿色标记的卡片将分配到朋友的篮子里，具有紫色标记的卡片将分配到老师的篮子里，以及具有蓝色标记的卡片分配到主试的篮子里，并且要求儿童尽可能多地记住卡片上图形与标签。主试边说指导语边把写有相应归属者的纸片贴到相对应的篮子上，贴完后让被试再次确认每个篮子的归属情况，并告诉他们在学习过程中要努力记住卡片上的标签和图形，后续会进行记忆测试。接着要求被试按照卡片上所标记的颜色依次将卡片分配到对应颜色的篮子里，之后主试重申所有权，如“妈妈分配给你的篮子的卡片是‘以美’”，被试则跟着主试重申所有权并在桌子上用手比划每张卡片上的图形“妈妈分配给我的篮子里的卡片是'以美'"。图片、归属以及颜色三者在参与者之间均被充分平衡。

测试阶段:同实验一。

5.1.3 实验结果

以再认率为因变量对实验所得数据进行方差分析。结果发现(如图 33 所示),归属类型的效应显著,$F(4,136)=3.810$,$p<0.05$,$\eta_p^2=0.101$,LSD 事后多重比较检验发现,自我归属类型下的再认成绩($M_{自我}=0.662$,$SD=0.208$)与母亲归属类型下的再认成绩($M_{母亲}=0.624$,$SD=0.178$)、朋友归属类型下的再认成绩($M_{朋友}=0.633$,$SD=0.217$)以及老师归属类型下的再认成绩($M_{老师}=0.695$,$SD=0.154$)均无显著差异($p>0.05$),自我归属类型下的再认成绩显著高于他人归属类型下的再认成绩($p<0.05$,$M_{自我}=0.662$,

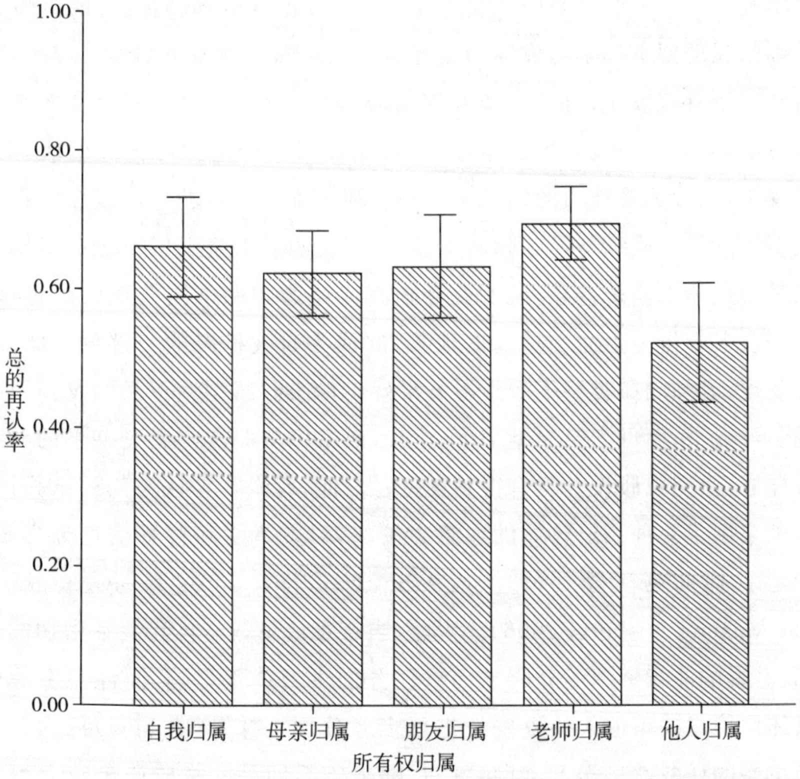

图 33 母亲分配条件下不同关系他人归属类型上再认率的差异比较

$SD=0.208$；$M_{他人}=0.524$，$SD=0.250$）；母亲归属类型下再认成绩与朋友归属类型下的再认成绩无显著差异（$p>0.05$，$M_{母亲}=0.624$，$SD=0.178$；$M_{朋友}=0.633$，$SD=0.217$），但边缘显著低于老师归属类型下的再认成绩（$p=0.096$，$M_{老师}=0.695$，$SD=0.154$），显著高于他人归属类型下的再认成绩（$p<0.05$，$M_{他人}=0.524$，$SD=0.250$）；朋友归属类型下的再认成绩边缘显著低于老师归属类型下的再认成绩（$p=0.096$，$M_{朋友}=0.633$，$SD=0.217$；$M_{老师}=0.695$，$SD=0.154$），朋友归属类型下的再认成绩显著高于他人归属类型下的再认成绩（$p<0.05$，$M_{朋友}=0.633$，$SD=0.217$；$M_{他人}=0.524$，$SD=0.250$）；老师归属类型下的再认成绩显著高于他人归属类型下的再认成绩（$p<0.05$，$M_{老师}=0.695$，$SD=0.154$；$M_{他人}=0.524$，$SD=0.250$）。

5.1.4 讨论

实验六结果表明自我归属类型下、母亲归属类型下、朋友归属类型下以及老师归属类型下的学习成绩均显著高于他人归属类型下的学习成绩，表现出自我—所有权效应、母亲—所有权效应、朋友－所有权效应以及老师—所有权效应，研究三假设 1 得到了验证，说明在母亲分配学习任务的所有权教学情境中，三种关系他人的归属类型均有利于提高儿童的学习成绩。自我归属类型下的学习成绩与母亲归属类型下、朋友归属类型下以及老师归属类型下的学习成绩无显著差异，说明受互依型文化影响的中国儿童已经将母亲、朋友以及老师作为生命中重要的他人，并成为自我扩展的一部分。此外，结果还发现，老师归属类型下的学习效果好于母亲归属类型下和朋友归属类型下的学习效果，而母亲归属类型下的学习效果仍与朋友归属类型下的学习效果一样好，研究三假设 2 没有得到支持。对此，有研究者认为与被试相比，亚洲被试采用了一种相对整体的注意力策略，对上下文和背景信息更为敏感，对中心目标的关注较少（Ketay、Aron、Hedden，2009；Kitayama、Uskul，2011；Masuda、Nisbett，2006）。因此，当背景信息是与自我关系密切的他人时，就会影响注意资源的分配从而对任务的学习产生影响，而注意资源会根据具体情境中关系他人的重要性进行多寡分配。林崇德（2009）认为儿童阶段最主要的任务就是学习，由此可知，师生关系即是儿童阶段最重要的社会关系，在母亲分配学习任务的所有权教学情境中儿童将更多的注意资源分配给自我与老师归属类型下,其次是母亲归属类型与朋友归属类型下。

因此,实验六说明了在所有权的教学情境中母亲作为关系他人分配任务时,受互依型文化影响的中国儿童,以自我归属为中心进行比较发现,自我归属类型与母亲归属类型、朋友归属以及老师归属类型下的学习效果相当;而以母亲归属为中心进行比较时,母亲归属类型与朋友归属类型下的学习效果相当,而母亲归属类型下的学习效果不如老师归属类型下的学习效果好。

5.1.5 结论

母亲分配学习任务的所有权教学情境中自我归属类型、母亲归属类型、朋友归属类型以及老师归属类型均有利于提高儿童的学习成绩;自我归属类型与母亲归属类型、朋友归属以及老师归属下的学习效果相当;母亲归属类型与朋友归属类型下的学习效果相当,而母亲归属类型下的学习效果不如老师归属类型下的学习效果好。

5.2 实验七:朋友分配条件下不同关系他人归属对儿童学习效果的影响

本研究的目的:考察在所有权的教学情境中由朋友分配学习任务时,不同关系他人归属类型下儿童学习成绩的差异;探究在朋友分配学习任务的所有权教学情境中,朋友归属类型下的学习成绩相对于其他关系他人归属类型下的学习成绩会更好,说明在朋友分配任务的所有权教学情境中朋友作为关系他人卷入更有利于提高儿童的学习成绩。

5.2.1 研究假设

研究三假设 3:在朋友分配学习任务的所有权教学情境中,自我归属类型、母亲归属类型、朋友归属类型、老师归属类型下的学习成绩均显著高于他人归属类型下的学习成绩。

研究三假设 4:自我归属与朋友归属类型下学生的学习成绩无显著差异,但两者均显著高于母亲与老师归属类型下的学习成绩。

5.2.2 研究方法

5.2.2.1 实验设计

采用5水平单因素（归属类型：自我、母亲、朋友、老师、陌生他人）组内实验设计，因变量为被试的正确再认率。

5.2.2.2 研究对象

采用随机整群抽样方法，选取湖北孝感市某小学3年级儿童43名，平均年龄8.30岁，其中男生21名、女生22名。

5.2.2.3 实验材料与工具

同实验一。

5.2.2.4 实验程序

学习阶段：除任务的分配由朋友完成外其他程序同实验六。

测试阶段：同实验一。

5.2.3 实验结果

总的再认率为因变量对实验所得数据进行方差分析。结果发现（如图34所示），归属类型的效应显著，$F(4,168)=3.810, p<0.05, \eta_p^2=0.081$，LSD事后多重比较检验发现，自我归属类型下的再认成绩（$M_{自我}=0.748, SD=0.187$）边缘显著高于母亲归属类型下的再认成绩（$p=0.092, M_{母亲}=0.686, SD=0.250$）、边缘显著高于老师归属类型下的再认成绩（$p=0.081, M_{老师}=0.686, SD=0.247$）以及显著高于他人归属类型下的再认成绩（$p<0.05, M_{他人}=0.593, SD=0.213$）；自我归属类型下的再认成绩与朋友归属类型下的再认成绩无显著差异（$p>0.05, M_{自我}=0.748, SD=0.187; M_{朋友}=0.690, SD=0.254$）。母亲归属类型下的再认成绩与朋友归属类型下以及老师归属类型下的再认成绩无显著差异（$p>0.05, M_{母亲}=0.686, SD=0.250; M_{朋友}=0.690, SD=0.254; M_{老师}=0.686, SD=0.247$），但显著高于他人归属类型下的再认成绩（$p<0.05, M_{他人}=0.593, SD=0.213$）。朋友归属类型下的再认成绩与老师归属类型下的再认成绩无显著差异（$p>0.05, M_{朋友}=0.690, SD=0.254; M_{老师}=0.686, SD=0.247$），朋友归属类型下的再认成绩显著高于他人归属类型下的再认成绩（$p<0.05, M_{朋友}=0.690, SD=0.254$；

$M_{他人}=0.593$,$SD=0.213$);老师归属类型下的再认成绩显著高于他人归属类型下的再认成绩($p<0.05$,$M_{老师}=0.686$,$SD=0.247$,$SD=0.154$;$M_{他人}=0.593$,$SD=0.213$)。

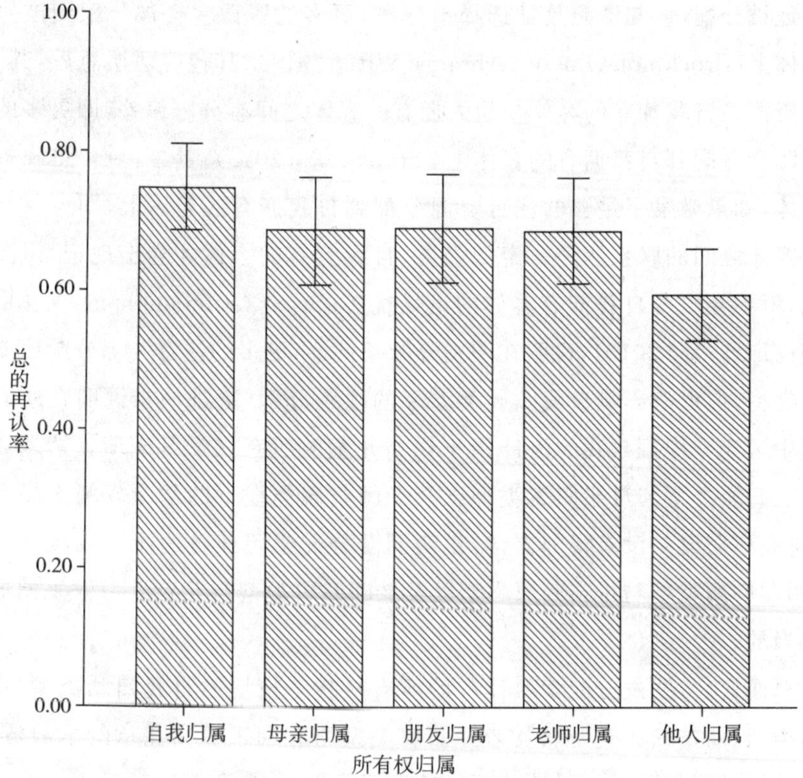

图 34　朋友分配条件下不同关系他人归属类型上再认率的差异比较

5.2.4 讨论

实验七在朋友分配学习任务的所有权教学情境中创立自我归属类型、母亲归属类型、朋友归属类型、老师归属类型以及他人归属类型,结果发现,自我归属类型、母亲归属类型、朋友归属类型以及老师归属类型下的学习成绩均显著高于他人归属类型下的学习成绩,表现出显著的所有权效应,说明对于受互依型文化背景下的儿童,在朋友分配学习任务的所有权教学情境中,自我归属类型、母亲归属类型、朋友归属类型以及老师归属类型均可以提高儿童的学习成绩,支持了研究三假设 3。所不同的是,在朋友分配学习任务的条件下，自我归属类型下的学习成绩显著高于母亲归属类型以及老师归属类型下的学习成绩，自我归属类型下的学习成绩与朋友归属类型下的学习成绩无显著差异，实验研究三假设 4 得到部分验证。对此，有研究认为注意不是一致地被分配，认知资源是被选择地分布，更多的资源将会被分配到被执行的客体上（Brockmole、Davoli、Abrams、Witt，2013），其包含两层意思，其一，注意资源在自我拥有的客体与他人拥有的客体之间有分配偏差，即更多的注意资源会分配到自我拥有的客体上（Truong 等，2015）；其二，对于自我拥有的客体，如果激发了足够的注意资源分配到自我拥有的客体上，即自我与所拥有客体之间的联系达到一定的强度，自我拥有的客体才会出现记忆优势，反之，就不会出现自我拥有客体的记忆优势（Sparks、Cunningham、Kritikos，2016；Turk 等，2013），说明在朋友分配条件下，更多的注意资源分配给朋友归属类型，但没有影响自我归属类型下的注意分配，更进一步说明在所有权学习中可充分挖掘自我的潜能用于提高儿童的所有权学习成绩。结果还发现朋友归属类型与母亲归属类型以及老师归属类型下的学习成绩无显著差异，研究三假设 4 没有得到支持，说明朋友分配学习任务的所有权教学情境中，朋友归属类型与母亲归属类型以及老师归属类型对儿童学习效果的影响是相当的。

总而言之，朋友分配学习任务的所有权教学情境中自我归属类型、母亲归属类型、朋友归属类型以及老师归属类型均有利于提高儿童的学习成绩；自我归属类型与朋友归属类型下的学习效果相当，自我归属类型下的学习效果好于母亲归属以及老师归属类型下的学习效果，而朋友归属类型下的学习效果与母亲归属以及老师归属类型下的学习效果一样好。

5.2.5 结论

朋友分配学习任务的所有权教学情境中自我归属类型、母亲归属类型、朋友归属类型以及老师归属类型均有利于提高儿童的学习成绩。自我归属类型与朋友归属类型下的学习效果相当，自我归属类型下的学习效果好于母亲归属以及老师归属类型下的学习效果，而朋友归属类型下的学习效果与母亲归属以及老师归属类型下的学习效果一样好。

5.3　实验八:老师分配条件下不同关系他人归属对儿童学习效果的影响

本研究的目的:考察在所有权的教学情境中由老师分配学习任务时,不同关系他人归属类型下儿童学习成绩的差异;探究在老师分配学习任务的所有权教学情境中,老师归属类型下的学习成绩相对于其他关系他人归属类型下的学习成绩会更好,说明在老师分配任务的所有权教学情境中老师作为关系他人卷入更有利于提高儿童的学习成绩。

5.3.1　研究假设

研究三假设5:在老师分配学习任务的所有权教学情境中,自我归属类型、母亲归属类型、朋友归属类型、老师归属类型下的学习成绩均显著高于他人归属类型下的学习成绩。

研究三假设6:自我归属与老师归属类型下学生的学习成绩无显著差异,但两者均显著高于母亲与朋友归属类型下的学习成绩。

5.3.2　研究方法

5.3.2.1　实验设计

采用5水平单因素(归属类型:自我、母亲、朋友、老师、陌生他人)组内实验设计,因变量为被试的再认率。

5.3.2.2　研究对象

采用随机整群抽样方法,选取湖北孝感市某小学3年级儿童37名,平均年龄8.33岁,其中男生20名、女生17名。

5.3.2.3　实验材料与工具

同实验一。

5.3.2.4　实验程序

学习阶段:除任务的分配由老师完成外其他程序同实验六。

测试阶段:同实验一。

5.3.3 实验结果

总的再认率为因变量对实验所得数据进行方差分析。结果发现(如图35所示),归属类型的效应显著,$F(4,144)=3.874$,$p<0.05$,$\eta_p^2=0.097$,LSD 事后多重比较检验发现,自我归属类型下的再认成绩边缘显著高于朋友归属类型下的再认成绩($p=0.083$,$M_{自我}=0.707$,$SD=0.154$;$M_{朋友}=0.653$,$SD=0.168$),自我归属类型下的再认成绩显著高于他人归属类型下的再认成绩($p<0.05$,$M_{自我}=0.707$,$SD=0.154$;$M_{他人}=0.559$,$SD=0.148$),而自我归属类型下的再认成绩与母亲归属类型下以及老师归属类型下的再认成绩无显著差异($p<0.05$,$M_{自我}=0.707$,$SD=0.154$;$M_{母亲}=0.667$,$SD=0.226$;$M_{老师}=0.685$,$SD=0.265$);母亲归属类型下的再认成绩与朋友归属

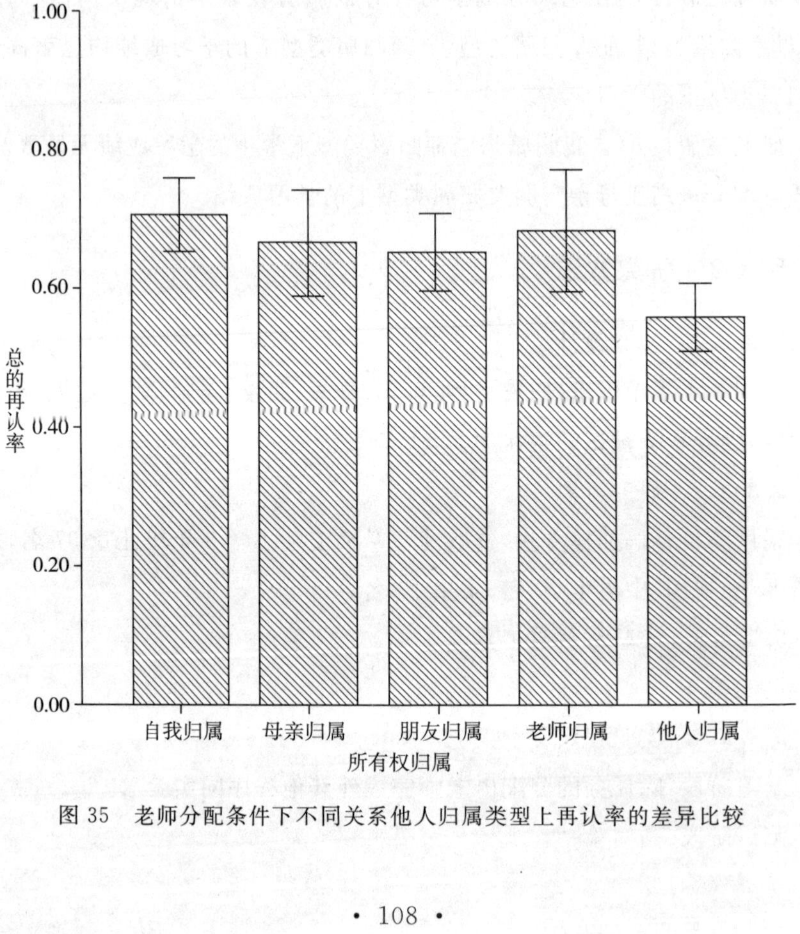

图35 老师分配条件下不同关系他人归属类型上再认率的差异比较

类型以及老师归属类型下的再认成绩无显著差异($p>0.05$,$M_{母亲}=0.667$,$SD=0.226$;$M_{朋友}=0.653$,$SD=0.168$;$M_{老师}=0.685$,$SD=0.265$),但显著高于他人归属类型下的再认成绩($p<0.05$,$M_{他人}=0.559$,$SD=0.148$);朋友归属类型下的再认成绩与老师归属类型下的再认成绩无显著差异($p>0.05$,$M_{朋友}=0.653$,$SD=0.168$;$M_{老师}=0.685$,$SD=0.265$),朋友归属类型下的再认成绩显著高于他人归属类型下的再认成绩($p<0.05$,$M_{朋友}=0.653$,$SD=0.168$;$M_{他人}=0.559$,$SD=0.148$);老师归属类型下的再认成绩显著高于他人归属类型下的再认成绩($p<0.05$,$M_{老师}=0.685$,$SD=0.265$;$M_{他人}=0.559$,$SD=0.148$)。

5.3.4 讨论

实验八在老师分配学习任务的所有权教学情境中创立自我归属类型、母亲归属类型、朋友归属类型、老师归属类型以及他人归属类型,结果发现,自我归属类型、母亲归属类型、朋友归属类型以及老师归属类型下的学习成绩均显著高于他人归属类型下的学习成绩,表现出显著的所有权效应,说明对于受互依型文化背景下的儿童,在老师分配学习任务的所有权教学过程中,自我归属类型、母亲归属类型、朋友归属类型以及老师归属类型均可以提高儿童的学习成绩,支持了研究三假设5。所不同的是,自我归属类型下的学习成绩显著高于朋友归属类型下的学习成绩,而与母亲归属类型下的学习成绩以及老师归属类型下的学习成绩无显著差异,按照(Brockmole 等,2013)的观点,说明在老师分配学习任务的所有权教学情境中相关注意资源的调动,注意资源更倾向于分配到老师归属类型下,从而出现自我归属类型与老师归属类型对儿童学习效果产生了相同的影响,部分支持了研究二假设6。此外,自我归属类型下的学习成绩与母亲归属类型下的学习成绩无显著差异,自我归属类型下的学习成绩要好于朋友归属类型与他人归属类型下的学习成绩。对此,许烺光认为父母等先赋性他人是中国人自我概念中的永久性居民,这意味着母亲等先赋性他人对于中国人而言,有可能超越一切外在学习任务的限制,而朋友与老师作为交往性他人是个体寻求亲密进而在自我扩展的过程中被纳入的,他们是个体的重要他人但却不如父母,不具有先赋性的关系,从而在学习成绩上表现出与自我归属类型下有差异。

此外，本研究还发现老师分配条件下的学习成绩与朋友以及母亲没有显著差异，研究三假设6没有得到支持。对此，笔者认为由于老师分配任务的启动，激发了更多的注意力在老师归属类型下，才使“老师”这一交往性他人与“母亲”这一先赋性无显著差异；儿童期的主要任务是学习，其同伴关系更多围绕学习展开，例如喜欢与成绩好的人交朋友，因此，朋友作为儿童学习过程中最重要的他人，在老师分配任务条件下“朋友”这一交往性他人对应的注意资源也被进一步调动，导致朋友归属类型下的学习成绩与老师归属类型下的学习成绩无明显差异。

总而言之，老师分配学习任务的所有权教学情境中自我归属类型、母亲归属类型、朋友归属类型以及老师归属类型均有利于提高儿童的学习成绩；自我归属类型与老师归属类型以及母亲归属类型下的学习效果相当，自我归属类型下的学习效果好于朋友归属类型下的学习效果，而老师归属类型下的学习效果与母亲归属以及朋友归属类型下的学习效果一样好。

5.3.5　结论

老师分配学习任务的所有权教学情境中自我归属类型、母亲归属类型、朋友归属类型以及老师归属类型均有利于提高儿童的学习成绩。自我归属类型与老师归属类型以及母亲归属类型下的学习效果相当，自我归属类型下的学习效果好于朋友归属类型下的学习效果，而老师归属类型下的学习效果与母亲归属以及朋友归属类型下的学习效果一样好。

6 总讨论

自1890年James首次提出所有权的观点之后就掀起了研究心理所有权的热潮，研究者普遍认同这样一种观点：个体总是对属于自己的物品给予更多的关注，从而使所有物跟自我之间会建立一种特殊的连接，并成为扩展自我(extended self)的一部分(Belk，1988；G Diesendruck、R Perez，2015)。这一联接会影响到个体对所有物的价值评价(Kahneman、Knetsch、Thaler，1991)、身体活动(Constable等，2014)和情感反应(Shu、Peck，2011)等，并且在心理学的相关领域均得到证明。而将所有权效应应用于儿童学习过程中提高儿童的学习成绩则是一个较新的研究领域，尽管Cunningham等人(2018)首次将所有权范式应用到教育活动中，通过两个实验考察了所有权游戏的教学如何提高儿童的学习成绩，但在实验操作中只对分配方式获取的所有权设置了控制条件，而对选择方式获取的所有权却没有设置控制条件，得出所有权的教学方式不以耗损非自我归属类型下的学习效果为代价的结论是不够全面的；在学习的研究领域中，再认测试与自由回忆测试属于两种不同的测试形式，再认有线索的提示，也存在猜测的可能，比自由回忆测试对加工深度的要求程度低，要证明所有权学习的有效性还需将前人的自由回忆测试指标的结果进一步在再认领域得到验证。

所有权效应可分成基于分配的纯粹所有权效应(merely ownership effect，MOE)(Beggan，1992)与基于选择的自我选择效应(self-choice effect，SCE)，将其运用到儿童学习过程中对儿童学习效果的影响是否存在差异？Markus和Kitayama(1991)有关文化背景与自我概念二者之间关系的观点：东方文化背景下个体的自我概念具有互依性的特征，强调保持自我与他人相互依存关系，自我图式涵盖了母亲等较为亲密的或重要的他人；然而，在西方文化背景下，个体的自我属性具有独立性的特点，强调维持自我的完整性和排他性。那么作为受东方文化影响的中国儿童，在所有权学习过程中将重要他人卷入是否可以像自我卷入一样提高儿童学习成绩？

关于所有权的发生机制，无论是语义的组织加工（Englert、Wentura，2016）、自我选择（Cunningham 等，2011）或是活动的具身化（Constable 等，2014；Constable 等，2011；Truong 等，2015），都需要在被分配客体与自我（身体我或心理我）之间创立心理联系，Greenwald 等人（2002）提出，心理联系是一个更大的联想网络的一部分，它由相互连接的概念节点组成，它们围绕着一个代表自我的节点。关联链接允许在节点之间自动展开激活，因为一个节点的激活会自动导致其相关节点的激活。因此，关联强度可以理解为激活从一个节点传播到另一个节点的容易程度。根据这一观点，所有者本身和拥有的对象之间的关联是一个特定的例子，是关于自我和其他概念之间的一般类型的关联（Greenwald、Banaji，1995）。而注意对所有者本身与所拥有客体之间心理联系的建立具有调节作用，注意不是一致地被分配，认知资源是被选择地分布，更多的资源将会被分配到被执行的客体上（Brockmole 等，2013），这包含两层意思：其一，注意资源在自我拥有的客体与他人拥有的客体之间有分配偏差，即更多的注意资源会分配到自我拥有的客体上（Truong 等，2015）；其二，对于自我拥有的客体，如果激发了足够的注意资源分配到自我拥有的客体上，即自我与所拥有客体之间的联系达到一定的强度，自我拥有的客体才会出现记忆优势，反之，就不会出现自我拥有客体的记忆优势（Sparks、Cunningham、Kritikos，2016；Turk 等，2013）。那么在某一关系他人分配学习任务的情境中，这一关系他人归属类型下是否会被分配更多的注意资源，从而削弱了自我归属类型下的注意资源，提高分配的关系他人归属类型下的学习成绩而降低自我归属类型以及其他关系他人归属类型下的学习成绩？本书对上述问题进行了系统研究。

研究一采用两个实验以自由回忆成绩和再认成绩为因变量指标分别探讨了基于选择方式获取的所有权与基于分配方式获取的所有权运用到儿童学习中对儿童学习成绩的影响，研究发现，两种所有权形式有利于提高儿童的学习成绩并且测验方式不会对其产生影响，以及所有权对儿童学习成绩的提高不以降低其他归属类型下的学习成绩为代价，证明两种所有权获取方式可以有效地运用于儿童学习中。

研究二采用三个实验同样以自由回忆成绩和再认成绩为因变量指标比较亲子关系、同伴关系以及师生关系卷入情况下两种所有权获取方式在学习效果上的差异,结果发现,在三种关系卷入条件下选择方式获取的所有权的学习效果均优于分配方式获取的所有权的学习效果。无论是自由回忆成绩还是再认成绩,在所有权的教学情境中,亲子关系卷入时母亲归属类型与自我归属类型具有同样提高学习成绩的效果。同伴关系卷入时受测验方式的影响出现了一点小出入,在自由回忆测试中,朋友归属类型下有利于提高儿童的学习成绩,但不如自我归属类型下的学习成绩好;再认测试中自我归属类型有利于提高儿童的学习成绩,但朋友归属类型对儿童的学习成绩没有产生影响。而师生关系卷入时由于受测验方式的影响也出现了不一样的结果,在自由回忆测试中,老师归属类型对儿童所有权学习没有产生效果;而在再认测试中,所有权获取方式在所有权教学对儿童学习成绩的影响中起调节作用:基于选择方式获取的所有权下自我归属与老师归属均可以提高儿童的学习成绩且效果相当,而基于分配方式获取的所有权下自我归属有利于提高儿童的学习成绩,老师归属对儿童学习成绩没有影响。

研究三则采用总的再认成绩为因变量指标,探讨母亲、朋友以及老师分配任务条件下,由于受到前期学习任务分配者的启动,后续会有更多的注意资源分配给相对应的关系他人,结果发现,不同关系他人分配任务条件下,在所有权的教学情境中不同的关系他人归属类型均有利于提高儿童的学习成绩,但效果上存在差异,母亲分配学习任务条件下自我归属与老师归属类型的学习效果最好,母亲归属与朋友归属类型下次之。朋友分配学习任务的所有权教学情境中自我归属类型、母亲归属类型、朋友归属类型以及老师归属类型均有利于提高儿童的学习成绩;自我归属类型与朋友归属类型下的学习效果相当,自我归属类型下的学习效果好于母亲归属以及老师归属类型下的学习效果,而朋友归属类型下的学习效果与母亲归属以及老师归属类型下的学习效果一样好。老师分配学习任务的所有权教学情境中自我归属类型、母亲归属类型、朋友归属类型以及老师归属类型均有利于提高儿童的学习成绩;自我归属类型与老师归属类型以及母亲归属类型下的学习效果相当,自我归属类型下的学习效果好于朋友归属类型下的学习效果,而老师归属类型下的学习效果与母亲归属类型以及朋友归属类型下的学习效果一样好。

这一研究暗示了所有权作为一种学习策略具有很大的挖掘潜能，对于互依型自我的中国儿童来说，其自我概念中包括亲密且重要的他人尤其是一个有效提高学习成绩的工具。

6.1 不同方式获取的所有权对儿童学习效果的影响

本研究探讨两种所有权获取方式对儿童学习成绩的影响，结果发现基于选择方式获取的所有权有利于提高儿童的学习成绩，并且自我归属类型下的学习成绩不以降低其他归属类型下的学习成绩为代价；基于分配方式获取的所有权有利于提高儿童的学习成绩，由于控制条件中自我的卷入，不能说明其自我归属类型下的学习成绩的提高是以降低其他归属类型下的学习成绩为代价。

研究发现，自我归属类型下的学习成绩显著高于他人归属类型下以及无归属类型下的学习成绩，出现了记忆的所有权效应，与前人的研究结果一致(Cunningham 等, 2008; Cunningham 等, 2011; Van 等, 2010)，并且本研究在前人研究的基础上采用新异的刺激作为实验材料将测试指标从自由回忆领域扩展到再认领域，更充分说明记忆的所有权效应是一种比较稳健的效应，可以在学生的教育教学过程中进行推广。前人研究中采用所有权范式主要是致力于探讨自我参照效应出现的年龄阶段(Cunningham、Vergunst 等, 2013;Ross 等, 2011)，招募的对象均为学龄前儿童(3～6 岁)，儿童均表现出对自己所拥有的物品的记忆效果好于他人所拥有的物品的记忆效果，但不能排除情境学习以及熟悉性对记忆效果的影响。在本研究采用两个实验要求小学三年级的儿童将具有新异图形和假词的卡片选择(实验一)或分配(实验二)给儿童自己和主试，所用材料与之前研究不同的是都是孩子并不熟悉的材料，从而排除了学习经验对儿童记忆的所有权效应的影响，说明所有权的教学形式可以用于教育环境中来提高儿童的学习成绩。

前人研究表明，自我相关的客体会被分配更多的注意资源，而以耗损与非自我相关客体的加工深度为代价(Bargh, 1982; Harris、Pashler、Coburn, 2004; Röer、Bell、Buchner, 2013)。而本研究发现与控制条件基线相比，自我归属类型下的学习成绩都有所提高，他人归属类型下与无归属类型下的学习成绩并没有降低，说明自我归属类型下的学习效果不以耗损他人归属类型下的学习效果为代价，支持了Turk等人(2015)的观点，他们认为与自我的相关性可以增加个体对教育任务的投入，比非自我相关的材料持续注意的时间更长，从而可以提高学生的学习成绩，提示所有权作为教学工具推广到学生的课堂教学中更有价值，教师可以在教学过程中使用所有权方式进行课堂教学时不用担心损害其他信息的编码与加工。此外，本研究不仅在Cunningham等人(2018)基础上给选择的所有权方式设置了控制条件，而且最大的创新在于改进了选择的程序，Cunningham等人的研究中主试和被试都参与实验，轮流为自己选择卡片，推广到真实的课堂教学中掩盖了学生参与的主体性，缺乏生态效度；而本研究中是由被试分别给自己和主试轮流选择卡片，学生既参与自己归属类型下的学习任务，也参与他人归属类型下的学习任务，在教学过程中更有利于调动学生学习的主动性和积极性。

尽管前人研究发现采用姓名和人称代词启动下的自我加工任务可以提高学习任务的成绩，这种自我加工偏差能作为一种有效的教学工具运用于儿童的学习过程中(D'Ailly等，1997；Moreno、Mayer，2000；Turk等，2015)，但所有权范式的运用价值在于它的可适用性。首先，各种各样学习材料都可以采用所有权游戏呈现，将需要学习的材料整合到所有权游戏中在个体、配对或群体的基础上进行实践是相对简单的。研究发现自我归属类型下与他人归属类型下的学习成绩均显著高于无归属类型下的学习成绩，因此，在教学过程中只需创立虚拟的、短暂的所有权条件就可以提高儿童的学习成绩；纵观本研究发现，所有权对儿童学习效果的影响在总的学习成绩比单独标签以及图形的学习成绩中更具有稳定性，提示在儿童教学过程中尽可能图文并茂地展示学习材料。其次，可跨越年龄阶段。早在2岁的时候，儿童就会在与同伴的对话中使用人称代词(Hay，2006)，即使自我与客体之间的联系是新异的，他们也能根据物品的所有权来区分物品(Fasig，2010)。因此，鉴于形成所有权关联的能力出现得比较早，所有权操作应该可以跨越儿童的年龄和能力水平使用，进一步提高所有权范式在教育环境中的应用潜力。

6.2 不同方式获取的所有权中关系他人卷入对儿童学习效果的影响

本研究对比基于选择的所有权与基于分配方式获取的所有权对儿童学习效果的影响，结果发现，三种关系他人卷入条件下选择的所有权形式下的学习成绩均要好于分配的所有权形式下的学习成绩。对此，笔者结合实验的操作过程与大量的文献，认为有以下几点原因：

首先，自我决定理论(Deci、Ryan，2000)认为个体是积极的有机体，具有积极的自我整合、自我完善和不断自我学习的行为倾向，社会环境因素既可以促进、也可以阻滞个体积极行为和健康心理的形成和发展。该理论明确提出基本心理需求是个体健康成长和发展的核心概念。由此，自我决定理论提出三种基本心理需求，即自主性(autonomy)、胜任感(competence)和关联感(relatedness)。自主性是个体在行为方面意志的体现和对自我意愿的一种感知，胜任感是指个体对行为和日常生活中接受挑战能力的自我效能感知，关联感是与其他人建立的联系和归属感。而在本研究中，两组被试的认知负荷问卷和与关系他人亲密度问卷均不存在显著差异，说明可以排除自我决定理论中胜认感与关联感对儿童所有权学习效果的影响，从而认为基于选择的所有权形式比基于分配的所有权形式获得了更多的自主性支持是两者之间学习成绩差异的根源。自主支持是指个人感受到重要他人(如教师、父母)对自己自由选择和自主决定的支持，能从重要他人处获得有价值的信息，获得情感体验的认同并且感受到较小的压力。它对提供支持的重要他人提出了四个方面的要求：第一，能对所提出的行为要求作出基本的解释；第二，能站在他人的角度理解对方的感受；第三，提供选择的机会和鼓励对方的主动性；第四，尽量减少控制性行为(Joussemet、Landry、Koestner，2008)。由此可知，由于选择的所有权形式给予了儿童更多自由选择的机会，让被试根据自己的意愿和兴趣选择卡片放入自己为自己选择的篮子中，相对于分配的所有权形减少了更多的控制感，从而激发了学生更多的内部动机和学习的主动性(Deci、Ryan，2000)，促进了学习成绩的提高。

其次，Cunningham 等人(2011)采用三个实验探讨所有权发生机制，结果发现只有自己为自己选择的物品出现了记忆所有权效应，自己为他人选择(自己分配给他人)、他人为自己选择(他人分配自己)以及他人为他人选择的物品记忆成绩之间差异不显著，说明了基于选择的所有权形式的记忆效果要好于基于分配的所有权的学习效果，同时也说明专门的选择不是记忆的所有权发应发生的充分条件，选择的过程中有自我的参与才是所有权效应发生的原因，并认为自我选择的背景加深了自我与物品之间关联的编码程度，因而这些物品更容易被感知为是与自我相关的。其深层的原因也可能是，在自我选择的过程中，激发了主体更多的主动性，主动性能激发更多的自我功能，因而会更多地对跟自我相关的项目进行编码(Cunningham 等，2011)。在本研究中，实验者可以根据自己的喜好自由选择卡片，这也并不能排除与自传体记忆相关的自我知识对学习效果的促进作用，从而使选择方式获取的所有权的学习效果好于分配方式获取的所有权的学习效果。

最后，具身认知的观点认为，我们的身体活动会内隐地影响到认知过程，称为身体活动的具身化。有研究发现在没有任何所有权指导下，仅仅通过触摸对象就可以从感知上增加所有权与客体之间的关系，这个过程可能会给被试带来更多的控制感，进而增加感知的所有权(Peck、Shu，2009)。基于选择的所有权形式与基于分配的所有权形式均是由被试亲自将卡片放入自己的篮子里，所不同的是选择方式获取的所有权需要对篮子和卡片进行选择，而分配方式获取的所有权则只需要根据颜色对篮子和卡片进行分配，前者自我参与的程度更大，自我与所有权创立的联系更强，注意对两者之间心理联系的建立具有调节作用，注意不是一致地被分配，认知资源是被选择地分布，更多的资源将会被分配到被执行的客体上(Brockmole 等，2013)，因此，在基于选择方式获取的所有权中，由于选择这一过程本身可以激活更多的注意资源，从而提高了儿童的学习成绩。

本研究还发现，不同所有权获取方式在关系他人卷入儿童学习过程中对儿童学习成绩的影响呈现出不一样的结果，亲子关系卷入条件下，无论是以自由回忆成绩还是以再认成绩为因变量，在加入所有权情境的学习中，母亲归属均有利于提高儿童的学习成绩，且其效果与自我归属时相当。同伴关系卷入后，以自由回忆成绩为因变量，朋友归属有利于提高儿童的学习成绩，但不如自我归属时效果好;以再认成绩为因变量,朋友归属对儿童的学习成绩没有产生影响,但自我归属有利于提高儿童的学习成绩。师生关系卷入后,以自由回忆成绩为因变量,自我归属有利于提高儿童的学习成绩,老师归属对儿童的学习成绩没有影响;以再认成绩为因变量,所有权获取方式在所有权教学对儿童学习成绩的影响中起调节作用;基于选择方式获取的所有权下自我归属与老师归属均可以提高儿童的学习成绩且效果相当,而基于分配方式获取的所有权下自我归属有利于提高儿童的学习成绩,老师归属对儿童学习成绩没有影响。Markus 和 Kitayama(1991)有关文化与自我的观点认为,东方文化背景下个体的自我概念具有互依性的特征,强调保持自我与他人相互依存关系,自我图式涵盖了母亲等较为亲密的个体;然而,在西方文化背景下,个体的自我属性具有独立性的特点,强调维持自我的完整性和排他性,西方人的自我中不包括母亲等亲密他人,Sparks 和 Cunningham 等人(2016)从所有权范式出发探究不同文化背景下的母亲参照效应,他们在实验中创设超市购物情境,发现西方人对自己归属的物品的记忆成绩显著好于母亲与陌生他人归属类型下的记忆成绩,出现了典型的所有权效应。对于亚洲被试,当分配给自我的物品与分配给母亲的物品比较时,分配给母亲物品的成绩好于自己的,说明在所有权范式中亚洲被试表现出母亲加工优势;当分配给自我的物品与分配给陌生人的物品比较时,分配给自己物品的成绩好于陌生人的,即出现了所有权效应。从所有权的视角证实了中国人的关系自我。费孝通老先生在《乡土中国》中提出了"差序格局",旨在描述亲疏远近的人际格局,如同水面上泛开的涟漪一般,由自己延伸开去,一圈一圈,按离自己距离的远近来划分亲疏,即关系型的自我构建,它是互依型自我构建的一种特殊形式(Cross、Bacon、Morris, 2000),是指个体根据与个体的亲疏远近构建自我与他人的关系。许烺光认为父母等先赋性他人是中国人自我概念中的永久性居民,这意味着母亲等先赋性他人对于中国人而言,有可能超越亲密关系的限制。而交往性他人是个体寻求亲密进而在扩展自我的过程中被纳入的,包括老师、导师、朋友、老板等,这些人是个体的重要他人但却不是父母,不具有先赋性的关系。当个体与交往性他人之间的实际亲密度越高时,他人对于个体的工具性价值也越高,也就意味着他人对个体越重要,这也就解释了上述研究中亲子关系与同伴关系卷入条件下儿童学习效果差异的原因。

中国传统文化有云“一日为师，终身为父”，说明师生关系在中国儿童的自我中扎根很深，袁中星(2007)采用自我参照的研究范式以再认率为因变量指标发现中国儿童的自我与老师的记忆成绩有显著差异，但老师参照条件下的再认成绩显著高于他人参照条件下的再认成绩，说明中国儿童的自我构建中将自我与老师有所区分。加工深度范式采用的人格特征形容词可能对儿童加工有难度，而无法敏感地反映出老师加工优势，已有研究证明所有权范式是一种适合于探究儿童自我加工优势的范式(Cunningham 等，2013；Ross 等，2011)。由此可以说明对于中国儿童，在所有权的教学情境中，创立老师归属类型与母亲归属类型跟自我归属类型一样均有利于儿童学习成绩且效果相当，尽管朋友归属类型的学习成绩不如自我归属，也可以提高儿童的学习成绩，这进一步说明将所有权的教育模式应用于具有互依型自我特征的中国儿童的教学过程中具有很高的价值。

6.3 关系他人卷入所有权分配和归属对儿童学习效果的影响

传统的观点和几十年的心理学研究已经将选择与内在动机水平的提高、更大的意志力、更好的成绩和更高的满意度联系起来(Iyengar、Lepper，1999)。结合本研究中前两个研究与前人的研究(Cunningham 等，2018)发现，自我选择的所有权范式相对于他人分配的所有权更有利于个体记忆成绩的提高和学习效果的增强，而两者均表现出了所有权效应，并在东西方文化中均得到验证。由于选择的所有权形式给予了儿童更多自由选择的机会，让儿童根据自己的意愿和兴趣选择卡片并将其放入自己为自己选择的篮子中，相对于分配的所有权形式减少了更多的控制感，从而激发了学生更多的内部动机和学习的主动性(Deci、Ryan，2000)，促进了学习成绩的提高。由于分配的所有权范式没有启动分配者，也就并未让儿童感受到受控制感，所以自我加工优势仍得以彰显从而出现了所有权效应。研究三通过启动分配他人的身份，考察了关系他人分配任务条件下不同关系他人归属对儿童学习效果的差异，结果发现，无论是哪种关系他人分配，自我归属类型下的学习成绩最好,相对于自我归属类型相应的关系他人归属类型也有助于提高儿童所有权学习效果,说明了儿童并没有因为被他人分配任务感到受控制感从而影响学习成绩,与 Iyengar 和 Lepper(1999)的研究相一致。Iyengar 和 Lepper(1999)在研究中发现亚裔美国儿童在个人选择情境中表现出较少的内在动机,他们认为选择本身对亚裔美国儿童的重要性或价值可能相对较低,在母亲分配学习任务条件下的成绩好于自己选择学习任务条件下的成绩,这表明,亚裔美国人有时可能更喜欢由重要的、值得信任的他人为他们选择学习任务,即亚裔美国人倾向于接受重要他人分配的学习任务。当然,对于英美国儿童来说,情况并非如此,英美国儿童的学习成绩和内在动机在他们的选择被"剥夺"时就会降低(Deci、Ryan, 1985; Nuttin, 1973; Zuckerman 等, 1978)。

Markus 和 Kitayama(1999, 2010)认为,相对于独立型自我建构的个体,互依型自我构建的个体行使选择的内在价值可能要小得多,甚至在某些情况下个人选择的行使可能对该个人构成了威胁,因为个人偏好可能被认为与其参照群体的偏好不一致。因此,互依型文化下的个体有时可能更愿意服从他人所表达的选择(接受他人分配的任务),选择的行使反映了美国独立的自我对独特性的追求,而选择的行为反映了亚洲相互依赖的自我整合的机会(H. Kim、Markus, 1999)。然而,对于受互依型文化影响的个体,不是任意他人分配学习任务都能提高个体的内在动机和行为表现,这还取决于分配者的身份或者个人与分配者之间的关系(Iyengar、Lepper, 1999)。亲子关系、同伴关系以及师生关系是儿童期三种重要的关系,在本研究中发现无论哪种关系他人分配任务,儿童自我归属类型下的学习成绩最好,提示教师要充分调动学生自我的积极性,在教学过程中更多地渗透与自我相关的信息,如自己的名字、"我"等人称代词以及自己的照片等;此外,研究还发现,关系他人分配任务时相应的关系他人归属类型下的学习效果要么与其他关系他人归属类型下相当,要么好于其他关系他人归属类型,这一结果提示:第一,在所有权教学过程中关系他人分配学习任务时,创立相应的关系他人归属类型有利于提高学习成绩,但无论是哪种关系他人,分配学习任务时创立自我归属情境,以及调动学生自己参与到学习过程中的主动性与积极性,最有利于提高儿童的学习成绩。第二,对于中国儿童,当学习任务由关系他人分配时,在儿童认知资源分配的范围内，在儿童所有权学习情境中应当尽可能多地创立关系他人归属类型更有利于提高儿童的学习成绩。第三，如果以自我归属类型为中心进行比较，当朋友分配学习任务时在所有权学习情境中自我归属与朋友归属类型的学习效果相当，母亲归属与老师归属类型次之。这一结果给教育工作者的启示是：从合理分配认知资源的视角来说，当学习任务是由朋友分配时，所有权学习情境中只需创立自我归属与朋友归属两种条件就可以达到提高儿童学习成绩的效果。第四，如果以自我归属为中心进行比较时，当老师分配学习任务时在所有权学习情境中自我归属、老师归属以及母亲归属类型的学习效果相当，朋友归属类型次之。这一结果给教育工作者的启示是：从合理分配认知资源的视角来说，当学习任务是由老师分配时，在所有权学习情境中只需创立自我归属或母亲归属与老师归属两种条件就可以达到提高儿童学习成绩的效果。第五，如果以自我归属为中心进行比较，当学习任务由母亲分配时，在所有权学习情境中任何一种关系他人归属均与自我归属一样有利于提高儿童的学习成绩；但以母亲为中心进行比较时，老师归属相对于朋友归属与母亲归属更有利于提高儿童的学习成绩。这一结果给教育工作者的启示是：从合理分配认知资源的视角来说，当学习任务是由母亲分配时，在所有权学习情境中只需创立自我归属与老师归属两种条件就可以达到提高儿童学习成绩的效果。

7 贡献、不足与展望

7.1 研究贡献

研究得到了一些有价值的研究成果，在前人研究的基础上进一步推动了所有权对儿童学习效果影响的研究进程，对所有权的教学情境在儿童学习过程中的运用具有理论与实践的指导意义。

理论贡献：近年来，所有权对儿童学习效果的影响成为教育心理学研究领域的新起之秀，研究者普遍认为所有权引发了自我加工偏差从而提高了儿童的学习成绩，本研究验证了上述观点的同时还发现，自我归属类型下学习成绩的提高不以降低其他归属类型下的学习成绩为代价，说明由所有权引发自我加工偏差可以激发更多的认知资源，进一步推进并丰富了自我领域相关的理论研究。此外，基于选择的所有权获取方式的学习成绩好于基于分配的所有权获取方式的学习成绩，但均出现了记忆的所有权效应，说明自我选择的过程有利于提高自我归属类型下的学习成绩，但自我选择可能不是所有权效应产生的根本原因。

实践贡献：本研究探讨所有权对儿童学习效果的影响，其结果对于所有权运用于儿童真实教学情境中具有重要的参考价值。

(1)研究发现，无论是基于选择方式获取的所有权还是基于分配方式获取的所有权均有利于提高儿童的学习成绩，提示在教学过程中，所有权情境的创立是一种高效且易操作促进儿童学习效果的教学方法；基于选择方式获取的所有权的学习效果好于基于分配方式获取的所有权的学习效果，提示教育工作者在实际教学过程中应当更多地创设选择的所有权教学情境。

(2)由关系他人卷入所有权教学情境中的相关结果提示，无论是在需要儿童再认的学习内容上(选择题或判断题)还是需要儿童自由回忆的学习内容上(简答题或填空题)，亲子关系卷入儿童所有权学习情境中都有可以提高学习成绩。在同伴关系卷入的所有权教学过程中，教育工作者只能在需要自由回忆的内容上创立朋友所有权归属，尽管其学习效果不如自我归属类型下，但还是可以提高儿童的学习效果。在师生关系卷入的所有权教学中，提示教育工作者在利用所有权提高儿童学习成绩时应创立基于选择的所有权教学情境，并且使用再认的测试方式才会达到提高儿童学习成绩的效果。

(3)无论是母亲、朋友还是老师分配所有权的教学情境中，任何关系他人归属的创立都可以提高儿童的学习成绩，提示教育工作在儿童学习能力范围内为提高儿童的学习成绩，应尽可能多地创立他人归属类型；以及无论是母亲、朋友还是老师分配所有权的教学情境中，自我归属类型下的学习成绩最好，提示所有权情境中应尽可能多调动儿童自我的积极性与主动性。

(4)在关系他人分配所有权的教学情境中如果以自我归属类型为中心进行比较，研究结果发现，当朋友分配学习任务时在所有权学习情境中自我归属与朋友归属类型的学习效果相当，母亲归属与老师归属类型次之，这一结果给教育工作者的启示是：从合理分配认知资源的视角来说，当学习任务是由朋友分配时，所有权学习情境中只需创立自我归属与朋友归属两种条件就可以达到提高儿童学习成绩的目的。

(5)在关系他人分配所有权的教学情境中如果以自我为中心进行比较时，研究结果发现，当老师分配学习任务时在所有权学习情境中自我归属、老师归属以及母亲归属类型的学习效果相当，朋友归属类型次之，这一结果给教育工作者的启示是：从合理分配认知资源的视角来说，当学习任务是由老师分配时，在所有权学习情境中只需创立自我归属或母亲归属与老师归属两种条件就可以达到提高儿童学习成绩的目的。

(6)在关系他人分配所有权的教学情境中如果以自我为中心进行比较时，研究结果发现，当学习任务由母亲分配时，在所有权学习情境中自我归属与老师归属更有利于提高儿童的学习成绩，而母亲归属与朋友归属类型次之，说明当学习任务是母亲分配时，所有权学习情境中应当创立自我归属与老师归属两种条件就可以达到提高儿童学习成绩的目的。

创新之处:本研究在前人研究的基础上进一步推动了所有权运用于儿童学习过程中的进程,对儿童教育教学方式的改革提供了理论与实践的指导,并取得了如下几点创新性的成果。

(1)研究视角的创新。随着人类学习过程不断的现代化与智能化,更多的研究者致力于多媒体或互联网络对学生学习效果的影响,抹杀了学生学习的积极性与主动性的同时也需要消耗大量的人力、财力与物力,本研究通过探讨由所有权引发的人类所独有的自我加工偏差的学习优势,通过创立所有权的学习情境,即使这种学习情境是虚拟的、短暂的也有利于提高儿童的学习成绩。

(2)研究内容上的创新。本研究验证和补充了前人关于所有权有利于提高儿童学习成绩的研究结果,同时从中国儿童互依型自我建构入手,考察了所有权教学情境中关系他人归属对儿童学习效果的影响,以及关系他人分配学习任务的所有权教学情境中哪种关系他人的归属类型更有利于提高儿童的学习成绩,并得出了一些前人没有发现的结果,丰富了所有权在儿童学习领域应用的相关研究。

(3)测量指标的创新。前人少量关于所有权在学习领域的相关研究均采用自由回忆的测量指标(Cunningham 等, 2018; Turk 等, 2015),即将已有信息从大脑中直接提取出来的方法(如简答题);本研究采用有线索可寻的再认测量指标验证所有权对儿童学习效果影响;此外,在前人的研究中对儿童学习效果采用意外记忆测试,他们在编码过程中没有采用练习策略或其他学习策略促进学习效果的提高,而本研究采用主动学习过程,告知被试后续将有一个记忆测试,这种方法更有利于儿童使用各种学习策略从而提高学习成绩,将这种测试方式运用于儿童学习过程中更具有生态效度。

7.2 不足与展望

总体而言,本研究虽然在实证探索和理论推论上取得了一些有价值的成果,但由于各种主、客观条件的限制,依然存在许多有待改进和完善的方面,兹列举以下几点主要之处。

(1) 尽管前人研究已经证明对于互依型文化背景下的个体,亲密度会对与自我相关的记忆产生影响(夏瑞雪、金瑞秸、赵海燕、牛百灵，2015；周丽、苏彦捷，2008)，研究二中尽管采用了亲密度问卷，但由于儿童将“最喜欢的老师或朋友”与“高亲密度”混为一谈，造成亲密度这一额外变量并没有很好地被控制，即使在母亲卷入条件下，亲密度问卷的得分基本上集中在3分或4分上，主要得分还是在高亲密度上，因此，未来的研究有必要将亲密度这一变量纳入儿童将关系他人卷入所有权学习过程，从而为提高高质量的亲子关系、师生关系以及同伴关系提供理论支撑。

(2) 研究三在不同关系他人分配任务的条件下比较了不同关系他人卷入时所有权学习效果的差异，已有研究发现对于中国个体，不同群体身份对个体的重要性会对记忆成绩产生影响(徐科朋等，2014)，那么在所有权学习中不同关系他人对个体的重要性是否会影响儿童的学习效果？未来研究有必要进一步探讨与不同关系他人不同的亲密度与重要性条件下所有权对儿童学习效果的影响。此外，已有研究表明，对于儿童被试与自我相关的加工优势是否出现与实验范式以及任务难度有关(Sui、Zhu，2005；周爱保等，2010；Cunningham 等，2013；Ross 等，2011)，研究三将自我归属类型、母亲归属类型、朋友归属类型、老师归属类型以及他人归属类型进行比较采用单因素组内实验设计控制了被试内的差异，但为了避免认知负荷对实验结果的影响只采用有线索提示再认测试没有使用无线索提示的自由回忆测试，未来研究有必要在控制任务难度的情况下使用自由回忆测试进一步验证；与西方参与者相比，亚洲参与者采用了一种相对整体的注意力策略，对上下文和背景信息更为敏感，对中心目标的关注较少(Ketay、Aron、Hedden，2009；Kitayama、Uskul，2011；Masuda、Nisbett，2006)。因此，亚洲被试(相对于西方被试)将较少的注意资源分配给任务中的焦点对象，特别是背景信息是与自我关系密切的他人时会分散注意资源从而对任务的学习产生影响，即对于亚洲文化的被试而言背景越复杂、任务越多，越容易分散注意资源。将五种不同归属类型下进行比较，会分散个体的注意资源，特别是对于具有互型自我的中国人，其自我结构中包括母亲、朋友以及老师，将其放在一起比较这一问题尤其突出，从而使关系他人分配情况下相应的关系他人卷入时注意资源分散到其他关系他人，造成相应关系他人的学习效果没有突显出来，未来研究有必要采用组间实验设计对此问题进行进一步研究。

(3) 前人研究采用无意义音节与新异图形制作而成的卡片作为实验材料(Cunningham 等, 2018),本研究采用由不相同的两个汉字组成的假词作为实验材料,并且学习阶段与再认阶段组成假词的汉字互不重叠,由此造成了学习阶段对组成假词的某个汉字的学习迁移到再认阶段从而造成作为标签的假词再认成绩出现了天花板效应,未来研究有必要对上述问题进行控制。

(4) 由于本研究主要着眼于探讨所有权对儿童学习效果的影响,以及受互依型文化影响的中国儿童,其自我概念中包括关系他人,如母亲、朋友以及老师,将这些关系他人卷入儿童的所有权学习中同样可以提高儿童的学习效果,只停留在现象的描述缺乏机制的探讨,因此,未来研究有必要对所有权对儿童学习效果的影响机制进行更加深入的探讨。

8 研究结论

(1) 无论是以自由回忆成绩还是以再认成绩为因变量,基于选择方式获取的所有权都能提高儿童的学习成绩;与控制条件进行比较发现,自我归属类型下学习成绩的提高不以降低他人归属类型与无归属类型下的学习成绩为代价。

(2) 以自由回忆成绩为因变量,基于分配方式获取的所有权可以提高儿童的学习成绩;与控制条件进行比较发现,自我归属类型下学习成绩的提高不以降低他人归属类型与无归属类型下的学习成绩为代价。以再认成绩为因变量,分配方式获取的所有权也可以提高儿童的学习成绩;由于控制条件下自我的卷入与认知负荷的共同作用,并不能说明分配方式获取的所有权对儿童学习成绩的提高是以降低他人归属类型与无归属类型下的学习成绩为代价的。

(3) 无论是以自由回忆成绩还是以再认成绩为因变量,在加入所有权情境的学习中,母亲归属均有利于提高儿童的学习成绩,且其效果与自我归属时相当。

(4) 以自由回忆成绩为因变量,朋友归属有利丁提高儿童的学习成绩,但不如自我归属时效果好;以再认成绩为因变量,朋友归属对儿童的学习成绩没有产生影响,但自我归属有利于提高儿童的学习成绩。

(5) 以自由回忆成绩为因变量,自我归属有利于提高儿童的学习成绩,老师归属对儿童的学习成绩没有影响;以再认成绩为因变量,所有权获取方式在所有权教学对儿童学习成绩的影响中起调节作用:基于选择方式获取的所有权下自我归属与老师归属均可以提高儿童的学习成绩且效果相当,而基于分配方式获取的所有权下自我归属有利于提高儿童的学习成绩,老师归属对儿童学习成绩没有影响。

(6) 无论是以自由回忆成绩还是以再认成绩为因变量,在亲子关系、同伴关系以及师生关系卷入后,基于选择方式获取的所有权的学习成绩显著高于基于分配方式获取的所有权,说明自我选择的过程更有利于提高儿童的学习成绩。

(7)母亲分配学习任务的所有权教学情境中自我归属类型、母亲归属类型、朋友归属类型以及老师归属类型均有利于提高儿童的学习成绩;自我归属类型与母亲归属类型、朋友归属以及老师归属下的学习效果相当;母亲归属类型与朋友归属类型下的学习效果相当,而母亲归属类型下的学习效果不如老师归属类型下的学习效果好。

(8)朋友分配学习任务的所有权教学情境中自我归属类型、母亲归属类型、朋友归属类型以及老师归属类型均有利于提高儿童的学习成绩。自我归属类型与朋友归属类型下的学习效果相当,自我归属类型下的学习效果好于母亲归属以及老师归属类型下的学习效果,而朋友归属类型下的学习效果与母亲归属以及老师归属类型下的学习效果一样好。

(9)老师分配学习任务的所有权教学情境中自我归属类型、母亲归属类型、朋友归属类型以及老师归属类型均有利于提高儿童的学习成绩。自我归属类型与老师归属类型以及母亲归属类型下的学习效果相当,自我归属类型下的学习效果好于朋友归属类型下的学习效果,而老师归属类型下的学习效果与母亲归属以及朋友归属类型下的学习效果一样好。

参考文献

[1] Allan, Morson, Dixon, et al. Simulation-based mentalizing generates a "proxy" self-reference effect in memory[J]. Quarterly Journal of Experimental Psychology(2006),2017,70(6):1074-1084.

[2] Aron, Elaine, Smollan. Inclusion of other in the self scale and the structure of interpersonal closeness[J]. Journal of Personality & Social Psychology, 1992, 63(4):596-612.

[3] Ashby, Gregory, et al. A neuropsychological theory of positive affect and its influence on cognition[J]. Psychological Review, 1999, 106(3): 529-529.

[4] Beggan, James. On the social nature of nonsocial perception: The mere ownership effect[J]. Journal of Personality and Social Psychology, 1992, 62(2):229-237.

[5] Belk. Possessions and the extended self[J]. Journal of Consumer Research, 1988, 15(2):139-168.

[6] Belk. Extended self in a digital world[J]. Journal of Consumer Research, 2013(3):477-500.

[7] Berlad, Pratt. P300 in response to the subject's own name[J]. Electroencephalography & Clinical Neurophysiology/evoked Potentials, 1995, 96(5):472-474.

[8] Biehal, Chakravarti. Information accessibility as a moderator of consumer choice[J]. Journal of Consumer Research, 1983, 10(1):1-14.

[9] Bluck. Autobiographical memory: Exploring its functions in everyday

life[J]. Memory, 2003, 11(2):113-123.

[10] Boduroglu, Shah, Nisbett. Cultural differences in allocation of attention in visual information processing[J]. Journal of Cross-Cultural Psychology, 2009, 40(3):349-360.

[11] Brehm, Jack. Postdecision changes in the desirability of alternatives [J]. Journal of Abnorm Psychology, 1956, 52(3):384-389.

[12] Brockmole, Davoli, Abrams, et al. The world within reach effects of hand posture and tool use on visual cognition[J]. Current Directions in Psychological Science, 2013, 22(1):38-44.

[13] Brownstein, Aaron. Biased predecision processing[J]. Psychological Bulletin, 2003, 129(4):545-568.

[14] Both-de, Bus. Name writing: A first step to phonetic writing? Does the name have a special role in understanding the symbolic function of writing? [J]. Literacy Teaching & Learning, 2008(12): 37-55.

[15] Carver, Ganellen, Froming, et al. Modeling: An analysis in terms of category accessibility[J]. Journal of Experimental Social Psychology, 1983, 19(5):403-421.

[16] Chen, Risen. How choice affects and reflects preferences: Revisiting the free-choice paradigm[J]. Journal of Personality & Social Psychology, 2010, 99(4):573.

[17] Cloutier, Macrae. The feeling of choosing: Self-involvement and the cognitive status of things past[J]. Consciousness & Cognition, 2008, 17(1):125-135.

[18] Thomas, Connolly, et al. A systematic literature review of empirical evidence on computer games and serious games[J]. Computers & Education, 2012, 59(2):661-686.

[19] Constable, Kritikos, Lipp, et al. Object ownership and action: The influence of social context and choice on the physical manipulation of personal property[J]. Experimental Brain Research, 2014, 232(12): 3749-3761.

[20] Constable, Kritikos, Bayliss. Grasping the concept of personal property[J]. Cognition, 2011, 119(3):430-437.

[21] Conway. Memory and the self[J]. Journal of Memory & Language, 2005, 53(4):594-628.

[22] Cordova, Lepper. Intrinsic motivation and the process of learning: Beneficial effects of contextualization, personalization, and choice[J]. Journal of Educational Psychology, 1996, 88(4):715-730.

[23] Craik, Lockhart. Levels of processing: A framework for memory research[J]. Journal of Verbal Learning & Verbal Behavior, 1972, 11(6):671-684.

[24] Cross, Bacon, Morris. The relational-interdependent self-construal and relationships[J]. Journal of Personality & Social Psychology, 2000, 78(4):791-808.

[25] Cunningham, Turk, Macdonald, et al. Yours or mine? Ownership and memory[J]. Consciousness & Cognition, 2008, 17(1):312-318.

[26] Cunningham, Lynda, Jacqui, et al. Applying self-processing biases in education: Improving learning through ownership[J]. Journal of Applied Research in Memory and Cognition, 2018, 7(3):342-351.

[27] D'Ailly, Hsiao. The role of choice in children's learning: A distinctive cultural and gender difference in efficacy, interest, and effort[J]. Canadian Journal of Behavioural Science, 2004, 36(1): 17-29.

[28] D'Ailly, Hsiao, Simpson, et al. Where should "you" go in a math compare problem? [J]. Journal of Educational Psychology, 1997, 89(3): 562-567.

[29] Davies, Brian. The body made flesh: Embodied learning and the corporeal device[J]. British Journal of Sociology of Education, 2009, 30(4): 391-406.

[30] Davis, Markman. Embodied cognition as a practical paradigm: Introduction to the topic, the future of embodied cognition[J]. Topics in Cognitive Science, 2012, 4(4): 685-691.

[31] Deci, Edward, Ryan, et al. Intrinsic motivation and self-determination in human behavior [J]. Encyclopedia of Applied Psychology, 2004, 3(2): 437-448.

[32] Dempster, Frank. The rise and fall of the inhibitory mechanism: Toward a unified theory of cognitive development and aging[J]. Developmental Review, 1992, 12(1): 45-75.

[33] Diesendruck, Perez. Toys are me: Children's extension of self to objects[J]. Cognition, 2015, 134: 11-20.

[34] Englert, Wentura. How "mere" is the mere ownership effect in memory? Evidence for semantic organization processes[J]. Conousness and Cognition, 2016, 46:71-88.

[35] Epstein, Rock, Zuckerman. Meaning and familiarity in associative learning[J]. Psychological Monographs, 1960, 490(4):1-22.

[36] Fasig. Toddlers' understanding of ownership: Implications for self-concept development[J]. Social Development, 2010, 9(3):370-382.

[37] Flowerday, Schraw. Teacher beliefs about instructional choice: A phenomenological study[J]. Journal of Educational Psychology, 2000, 92(4):634-645.

[38] Fredricks, Blumenfeld, Paris. School engagement: Potential of the concept, state of the evidence[J]. Review of Educational Research, 2004, 74(1):59-109.

[39] Goh, Chee, Tan, et al. Age and culture modulate object processing and object-scene binding in the ventral visual area[J]. Cognitive, Affective, Behavioral Neuroscience, 2007, 7(1):44-52.

[40] Golubickis, Marius, Ho, et al. Mine or mother's? Exploring the self-ownership effect across cultures[J]. Culture & Brain, 2018: 1-25.

[41] Greenwald, Banaji, Rudman, et al. A unified theory of implicit attitudes,stereotypes, self-esteem, and self-concept. [J]. Psychological Review, 2002, 109(1):3-25.

[42] Greenwald, Banaji. Implicit social cognition: Attitudes, self-esteem,

and stereotypes.[J]. Psychological Review, 1995, 102(1):4-27.

[43] Grisdale, Lind, Eacott, et al. Self-referential memory in autism spectrum disorder and typical development: Exploring the ownership effect [J]. Conscious Cogn, 2014, 30:133-141.

[44] Guardia, Ryan, Couchman, et al. Within-person variation in security of attachment: A self-determination theory perspective on attachment, need fulfillment, and well-being[J]. Journal of Personality & Social Psychology, 2000, 79(3):367-84.

[45] Gutchess, Angela, Welsh, et al. Cultural differences in neural function associated with object processing[J]. Cognitive Affective & Behavioral Neuroscience, 2006, 6(2): 102-109.

[46] Halpin, Puff, Mason, et al. Self-reference encoding and incidental recall by children[J]. Bulletin of the Psychonomic Society, 1984, 22(2):87-89.

[47] Hammock, Brehm. The attractiveness of choice alternatives when freedom to choose is eliminated by a social agent[J]. Journal of Personality, 2010, 34(4):546-554.

[48] Harris, Pashler, Coburn. Moray revisited: High-priority affective stimuli and visual search[J]. Quarterly Journal of Experimental Psychology a Human Experimental Psychology, 2004, 57(1):1-31.

[49] Hay. Yours and mine: Toddlers' talk about possessions with familiar peers[J]. British Journal of Developmental Psychology, 2006(24): 39-52.

[50] Henkel, Mather. Memory attributions for choices: How beliefs shape our memories[J]. Journal of Memory & Language, 2007, 57(2):163-176.

[51] Hirano, Ukita. Choosing words at the study phase: The self-choice effect on memory from the viewpoint of connective processing[J]. Japanese Psychological Research, 2010, 45(1):38-49.

[52] Hockley, Murdock. A decision model for accuracy and response laten-

cy in recognition memory. [J]. Psychological Review, 1987, 94(3): 341-358.

[53] Hoorens, Todorova. The name letter effect: Attachment to self or primacy of own name writing[J]. European Journal of Social Psychology, 2010, 18(4):365-368.

[54] Huang, Wang, Shi. When do objects become more attractive? The individual and interactive effects of choice and ownership on object evaluation [J]. Personality & Social Psychology Bulletin, 2009, 35 (6):713.

[55] Iyengar, Lepper. Rethinking the value of choice: A cultural perspective on intrinsic motivation[J]. Journal of Personality & Social Psychology, 1999, 76(3):349-66.

[56] Joussemet, Landry, Koestner. A self-determination theory perspective on parenting[J]. Canadian Psychology, 2008, 49(49):194-200.

[57] Kahneman, Daniel, Knetsch, et al. Anomalies: The endowment effect, loss aversion, and status quo bias[J]. Journal of Economic Perspectives, 1991, 5(1): 193-206.

[58] Katz, Assor. When choice motivates and when it does not[J]. Educational Psychology Review, 2007, 19(4):429-442.

[59] Ketay, Aron, Hedden. Culture and attention: Evidence from brain and behavior[J]. Progress in Brain Research, 2009, 178:79.

[60] Kim, Markus. Deviance or uniqueness, harmony or conformity? A cultural analysis [J]. Journal of Personality & Social Psychology, 1999, 77(4):785-800.

[61] Kim, Johnson. Distinct neural networks support the mere ownership effect under different motivational contexts[J]. Social Neuroscience, 2015, 10(4):376-390.

[62] Kyungmi, Johnson. Extended self: Spontaneous activation of medial prefrontal cortex by objects that are “mine”[J]. Social Cognitive and Affective Neuroscience, 2014, 9(7):1006-1012.

[63] Kitayama, Uskul. Culture, mind, and the brain: Current evidence and future directions[J]. Annual Review of Psychology, 2011, 62(1): 419-449.

[64] Klein. Self, Memory, and the self-reference effect: An examination of conceptual and methodological issues[J]. Personality & Social Psychology Review, 2012, 16(3):283-300.

[65] Klein, Kihlstrom. Elaboration, organization, and the self-reference effect in memory[J]. Journal of Experimental Psychology General, 1986, 115(1):26.

[66] Klein, Loftus, Burton. Two self-reference effects: The importance of distinguishing between self-descriptiveness judgments and autobiographical retrieval in self-referent encoding[J]. Journal of Personality & Social Psychology, 1989, 56(6):853-865.

[67] Langer. The illusion of control[J]. Journal of Personality & Social Psychology, 1975, 32(2):311-328.

[68] Ledoux. Emotion, memory and the brain[J]. Scientific American, 1994, 270(6), 50-57.

[69] Lewis. The emergence of consciousness and its role in human development[J]. Annals of the New York Academy of Sciences, 2010, 1001 (1): 104-133.

[70] Zhang, Zhou, Zhang, et al. In search of the Chinese self: An fMRI study[J]. Science in China, 2006, 49(1): 89-96.

[71] Lindgren, Johnson-Glenberg. Emboldened by embodiment: Six precepts for research on embodied learning and mixed reality[J]. Educational Researcher, 2013, 42(8):445-452.

[72] Madan, Anthony. Using actions to enhance memory: Effects of enactment, gestures, and exercise on human memory[J]. Frontiers in Psychology, 2012(3):507.

[73] Markus, Kitayama. Culture and the self: Implications for cognition, emotion, and motivation[J]. Psychological Review, 1991, 98(2):224-

253.

[74] Markus, Kitayama. Cultures and selves: A cycle of mutual constitution[J]. Perspectives on Psychological Science, 2010, 5(4):420-430.

[75] Masuda, Nisbett. Culture and change blindness[J]. Cognitive Science, 2006, 30(2): 381-399.

[76] Mather, Johnson. Choice-supportive source monitoring: Do our decisions seem better to us as we age[J]. Psychology & Aging, 2000, 15(4):596.

[77] Mather, Shafir, Johnson. Misremembrance of options past: Source monitoring and choice[J]. Psychological Science, 2000, 11(2): 132-138.

[78] Mather, Shafir, Johnson. Remembering chosen and assigned options[J]. Memory & Cognition, 2003, 31(3): 422-433.

[79] Mattan, Quinn, Acaster, et al. Prioritisation of self-relevant perspectives in ageing[J]. Quarterly Journal of Experimental Psychology, 2015, 70(6): 1.

[80] Mattan, Quinn, Apperly, et al. Is it always me first? Effects of self-tagging on third-person perspective-taking. [J]. Journal of Experimental Psychology Learning Memory & Cognition, 2015, 41(4):1100.

[81] Miller, Leslie, Chang, et al. Learning and motivational impacts of a multimedia science game[J]. Computers & Education, 2011, 57(1): 1425-1433.

[82] Miyakoshi, Makoto, Nomura, et al. An ERP study on self-relevant object recognition[J]. Brain & Cognition, 2007, 63(2): 182-189.

[83] Mood. Sentence comprehension in preschool children: Testing an adaptive egocentrism hypothesis[J]. Child Development, 1979, 50(1): 247-250.

[84] Moreno, Mayer. Engaging students in active learning: The case for personalized multimedia messages[J]. Journal of Educational Psychology, 2000, 92(4): 724-733.

[85] Morewedge, Giblin. Explanations of the endowment effect: An integrative review [J]. Trends in Cognitive Sciences, 2015, 19 (6): 339-348.

[86] Nancekivell, Vondervoort, Friedman. Young children's understanding of ownership [J]. Child Development Perspectives, 2013, 7 (4): 243-247.

[87] Ninomiya, Onitsuka, Chen, et al. P300 in response to the subject's own face[J]. Psychiatry & Clinical Neurosciences, 1998, 52(5): 519-522.

[88] Nuttin, Jozef. Narcissism beyond gestalt and awareness: The name letter effect[J]. European Journal of Social Psychology, 2010, 15(3), 353-361.

[89]Oakes, Onyper. The movement-induced self-reference effect: Enhancing memorability through movement toward the self[J]. Cognitive Processing, 2017, 18(2):1-9.

[90] Oyserman. Culture three ways: Culture and subcultures within countries[J]. Annual Review of Psychology, 2017(68): 435-463.

[91] Patall, Cooper, Robinson. The effects of choice on intrinsic motivation and related outcomes: A meta-analysis of research findings[J]. Psychological Bulletin, 2008,134(2): 270-300.

[92] Patall, Erika, Cooper, et al. The effectiveness and relative importance of choice in the classroom[J]. Journal of Educational Psychology, 2015, 102(4): 896-915.

[93] Peck, Joann, Shu, et al. The effect of mere touch on perceived ownership[J]. Social Science Electronic Publishing, 2009, 36(3): 434-447.

[94] Perlmuter, Lawrence, Monty, et al. The importance of perceived control: Fact or fantasy? Experiments with both humans and animals indicate that the mere illusion of control significantly improves performance in a variety of situations[J]. American Scientist, 1977, 65(6): 759-765.

[95] Pierce, Rubenfeld, Morgan. Employee ownership: A conceptual model of process and effects[J]. The Academy of Management Review, 1991, 16(1): 121.

[96] Pressley, Michael, Borkwski, et al. Good information processing: What it is and how education can promote it[J]. International Journal of Educational Research, 1989, 13(8): 857-867.

[97] Pullyblank, Bisanz, Champion. Developmental invariance in the effects of functional self-knowledge on memory[J]. Child Development, 1985, 56(6): 1447-1454.

[98] Ratcliff, Roger. A theory of memory retrieval[J]. Psychological Review, 1978, 85(85): 59-108.

[99] Ray, Shelton, Hollon, et al. Cognitive and neural development of individuated self-representation in children[J]. Child Development, 2009, 80(4): 1232-1242.

[100] Raz, Gunningdixon, Dupuis, et al. Neuroanatomical correlates of cognitive aging: Evidence from structural magnetic resonance imaging[J]. Neuropsychology, 1998, 12(1): 95.

[101] Reeve, Johnmarshall. How students create motivationally supportive learning environments for themselves: The concept of agentic engagement[J]. Journal of Educational Psychology, 2013, 105(3): 579-595.

[102] Rescher. Choice without preference[J]. Kant-Studien, 1960(51): 142-175.

[103] Ross, Catherine, Mirowsky, et al. Explaining the social patterns of depression: Control and problem-solving or support and talking[J]. Journal of Health & Social Behavior, 1989, 30(2): 206-219.

[104] Ross, Josephine, Anderson, et al. Why investigate mnemonic self-reference effects in preschoolers[J]. Monographs of the Society for Research in Child Development, 2011, 76(3): 1-16.

[105] Röer, Bell, Buchner. Self-relevance increases the irrelevant sound

effect: Attentional disruption by one's own name[J]. Journal of Cognitive Psychology, 2013, 25: 925-931.

[106] Ryan, Richard, Deci, et al. Intrinsic and extrinsic motivations: Classic definitions and new directions[J]. Contemporary Educational Psychology, 2000, 25(1): 54-67.

[107] Ryan, Deci. Self-determination theory and the facilitation of intrinsic motivation, social development, and well-being[J]. American Psychologist, 2000, 55: 68-78.

[108] Sadoski, Mark. A causal model of sentence recall: Effects of familiarity, concreteness, comprehensibility, and interestingness[J]. Journal of Literacy Research, 1993, 25(1): 5-16.

[109] Sadoski, Goetz, Rodriguez. Engaging texts: Effects of concreteness on comprehensibility, interest, and recall in four text types[J]. Journal of Educational Psychology, 2000, 92(1): 85-95.

[110] Sadoski, Mark. Resolving the effects of concreteness on interest, comprehension, and learning important ideas from text[J]. Educational Psychology Review, 2001, 13(3): 263-281.

[111] Shi, Zhan, Zhou, et al. Effects of ownership expressed by the first-person possessive pronoun[J]. Consciousness & Cognition, 2011, 20(3): 951-955.

[112] Shu, Suzanne, Peck, et al. Psychological ownership and affective reaction: Emotional attachment process variables and the endowment effect[J]. Journal of Consumer Psychology, 2011, 21(4), 439-452.

[113] Sparks, Samuel, Cunningham, et al. Culture modulates implicit ownership-induced self-bias in memory[J]. Cognition, 2016(153): 89-98.

[114] Stolz, Steven. Embodied learning[J]. Educational Philosophy & Theory, 2015, 47(5): 474-487.

[115] Sui, He, Humphreys. Perceptual effects of social salience: Evidence from self-prioritization effects on perceptual matching[J]. Journal of

Experimental Psychology Human Perception Performance, 2012, 38 (5): 1105-1117.

[116] Sui, Sun, Peng, et al. The automatic and the expected self: Separating self- and familiarity biases effects by manipulating stimulus probability[J]. Attention Perception & Psychophysics, 2014, 76 (4): 1176-1184.

[117] Sui, Jie, Humphreys, et al. Self-referential processing is distinct from semantic elaboration: Evidence from long-term memory effects in a patient with amnesia and semanticimpairments[J]. Neuropsychologia, 2013, 51(13): 2663-2673.

[118] Sui, Jie, Humphreys, et al. The integrative self: How self-reference integrates rerception and memory[J]. Trends in Cognitive Sciences, 2015, 19(12): 719-728.

[119] Sui, Jie, Zhu, et al. Five-year-olds can show the self-reference advantage[J]. International Journal of Behavioural Development, 2005, 29(5): 382-387.

[120] Sullivan, Jaclynn, Potvin, et al. Mere ownership of memory: Motor manipulation during encoding affects memory for words[J]. Cognitive Processing, 2018(2): 1-6.

[121] Symons, Cynthia, Johnson, et al. The self-reference effect in memory: A meta-analysis[J]. Psychological Bulletin, 1997, 121(3): 371-394.

[122] Tacikowski, Pawel, Nowicka, et al. Allocation of attention to self-name and self-face: An ERP study[J]. Biological Psychology, 2010, 84(2): 318-324.

[123] Toyota, Hiroshi. The self-choice effects on memory and individual differences in emotional intelligence[J]. Japanese Psychological Research, 2013, 55(1): 45-57.

[124] Treiman, Rebecca, Kessler, et al. Children's own names influence their spelling[J]. Applied Psycholinguistics, 2001, 22(4): 555-570.

[125] Truong, Turk, Handy. An unforgettable apple: Memory and attention for forbidden objects[J]. Cognitive Affective & Behavioral Neuroscience, 2013, 13(4): 803-813.

[126] Truong, Grace, Chapman, et al. Mine in motion: How physical actions impact the psychological sense of object ownership[J]. Journal of Experimental Psychology Human Perception & Performance, 2015, 42(3): 375-385.

[127] Turk, Cunningham, Macrae. Self-memory biases in explicit and incidental encoding of trait adjectives[J]. Consciousness & Cognition, 2008, 17(3): 1040-1045.

[128] Turk, Van, Bussel, et al. Mine and me: Exploring the neural basis of object ownership[J]. Journal of Cognitive Neuroscience, 2014, 23(11): 3657-3668.

[129] Turk, David, Gillespie-Smith, et al. Selfish learning: The impact of self-referential encoding on children's literacy attainment[J]. Learning & Instruction, 2015, 40(4): 54-60.

[130] Turk, David, Van, et al. When "it" becomes "mine": Attentional biases triggered by object ownership[J]. Journal of Cognitive Neuroscience, 2011, 23(12): 3725-3733.

[131] Turk, David, Bussel, et al. Mine and Me: Exploring the neural basis of object ownership[J]. Journal of Cognitive Neuroscience, 2014, 23(11): 3657-3668.

[132] Van, Cunningham, Conway, et al. Mine to remember: The impact of ownership on recollective experience[J]. Quarterly Journal of Experimental Psychology, 2011, 63(6): 1065-1071.

[133] Vries, Both, Bus, et al. The proper name as starting point for basic reading skills[J]. Reading & Writing, 2010, 23(2): 173-187.

[134] Ullmann-Margalit, Morgenbesser. Picking and choosing[J]. Social Research, 1997(44): 757-785.

[135] Wang, Mao, Ma, et al. Neural representations of close others in col-

lectivistic brains[J]. Social Cognitive and Affective Neuroscience, 2012(2): 222-229.

[136] Ye, Gawronski. When possessions become part of the self: Ownership and implicit self-object linking[J]. Journal of Experimental Social Psychology, 2016(64): 72-87.

[137] Zhu, Ying, Zhang, et al. Neural basis of cultural influence on self-representation[J]. Neuroimage, 2007, 34(3): 1310-1316.

[138] Zuckerman, Miron, Porac, et al. On the importance of self-determination for intrinsically-motivated behavior[J]. Personality & Social Psychology Bulletin, 1978, 4(3): 443-446.

[139] 费孝通.乡土中国[M].北京:人民出版社,2008.

[140] 雷文婷,莫书亮.自闭症谱系障碍者自传体记忆研究述评[J].中国特殊教育, 2013(3): 63-69.

[141] 李占星,朱莉琪.儿童基于不同线索的所有权判断及其文化差异[J].心理科学进展,2016, 24(12): 1889-1896.

[142] 李占星, 朱莉琪.人类记忆的所有权效应及其认知神经机制[J].生物化学与生物物理进展,2017, 44(5): 26-38.

[143] 米德.心灵、自我与社会[M].霍桂桓,译.北京:华夏出版社, 1992.

[144] 任德云.纯粹的记忆优势:来自所有权还是选择权? [D].兰州:西北师范大学, 2014.

[145] 吴慧芬, 周爱保.中国青年大学生朋友参照效应的实证研究[J].心理与行为研究,2013,11(3): 380-386.

[146] 夏瑞雪,金瑞秸,赵海燕,等.实际亲密度对自我概念包含不同类型他人的调节作用[J].中国临床心理学杂志, 2015, 23(5): 843-847.

[147] 徐科朋,周爱保,夏瑞雪,等.社会身份重要性和社会认同对群体参照效应的影响[J].心理科学, 2014, 21(6): 1438-1443.

[148] 袁中星.儿童记忆自我参照效应的发展研究[D].金华:浙江师范大学, 2007.

[149] 周爱保,刘沛汝,史战,等.四岁儿童的自我参照效应研究[J].心理发展与教育, 2010, 26(3): 239-244.

[150] 周爱保，刘沛汝，张鹏英，等.虚拟所有权关系下的自我参照效应[J].心理与行为研究，2012，10(2)：81-87.

[151] 周爱保，刘沛汝，张彦驰，等.老年人的朋友参照效应[J].心理学报，2015，47(9)：1143-1151.

[152] 周丽，苏彦捷.实际亲密度对恋人参照效应的影响[J].心理学报，2008，40(4)：487-495.

附　　录

附录一:图形

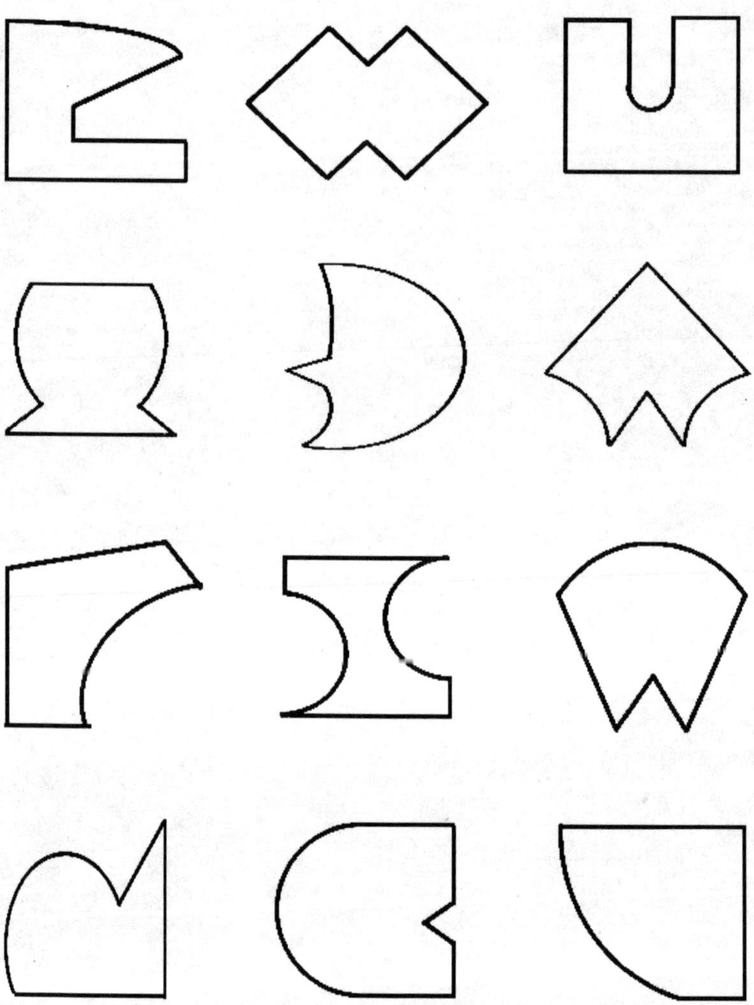

附录二:假词(标签)

只日	来中	成头	水月	可天	其而	去为	下六	才两	于不
更几	有出	又里	由也	与年	以每	在个	当高	上老	回长
再事	山用	光正	人着	是走	我十	从会	大后	小己	多前

附录三:认知负荷问卷

一、小朋友,你觉得刚刚的记忆测试需要你很努力地去完成吗?

1. 不需要努力或很轻松　　2. 需要一点努力　　3. 需要很努力

二、小朋友,你觉得刚刚的记忆测试难吗?

1. 不难或很简单　　2. 一般　　3. 很难

附录四:亲密度问卷

请在下面的图形中选择最符合你和妈妈关系的图形。

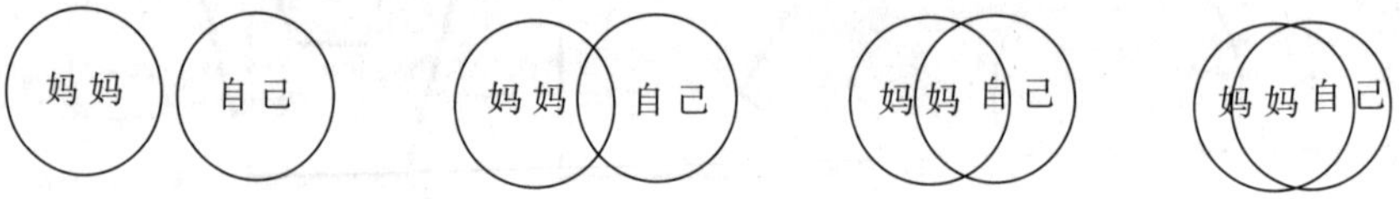

1　　2　　3　　4

请在下面的图形中选择最符合你和你现在最要好的朋友关系的图形。

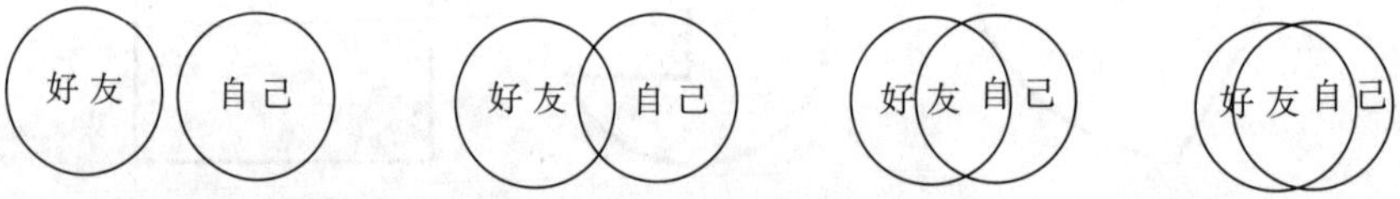

1　　2　　3　　4

请在下面的图形中选择最符合你和你心目中最喜欢的老师关系的图形。

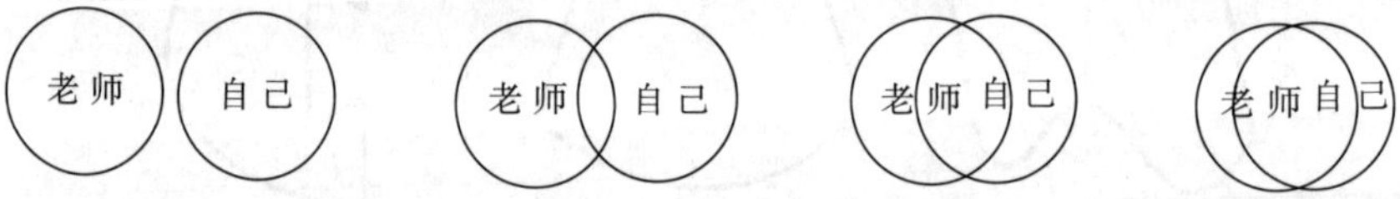

1　　2　　3　　4